SV

Band 218 der Bibliothek Suhrkamp

Viktor Šklovskij
Kindheit und Jugend

Aus dem Russischen
von Alexander Kaempfe

Suhrkamp Verlag

Titel der 1961 erschienenen Originalausgabe: *Žili-byli*

Sechstes und siebtes Tausend 1988

Druck: Nomos Verlagsgesellschaft, Baden-Baden
Printed in Germany

Kindheit und Jugend

Kindheit

Warum ich mit einer Beschreibung der Kindheit beginne

Oftmals schrieb ich Erinnerungen als Tagebuch nieder. Ich notierte das Geschehende, um zu begreifen. Jene Bücher erschienen in den dreißiger Jahren. Sie wurden zwanzig, dreißig, vierzig Jahre alt. Jetzt verfasse ich Erinnerungen. Ich versuche auch heute, das zu schreiben, was ich sah und hörte – nicht das Angelesene. Erinnerungen aus Büchern zu schöpfen, ist einfacher, aber Bücher sind fremde Wahrnehmung, zudem bereits verallgemeinerte. Man glaubt immer, die Welt, in der man heute lebt, hätte es auch früher gegeben. Dabei waren die Straßen damals anders als heute: im Winter waren sie weiß und still. Die Fenster waren anders, durch die wir auf jene Straßen schauten oder zu schauen versuchten: denn im Winter waren die Scheiben zugefroren und im Sommer übertüncht, damit die Tapeten nicht ausbleichen.

Ich beginne dieses Buch auf dem Lande bei Moskau. Vor mir ein freies Feld, dahinter der Flugplatz Šeremetjevo.

Die gleichsam durch ihr Tempo gestreckten Leiber der Flugzeuge nehmen das Pfeifen vorweg. Das Pfeifen, indem es die Luft zerschneidet, bestätigt das, was fürs Auge vorbei ist. Ich gewöhne mich daran.

Nachts sind die Seiten der Flugzeuge von Lichtern durchsiebt. Der Flugplatz flammt ihnen die Signale der Bestätigung entgegen; wie Feuer kocht er und speit feurige Blasen.

Lichter kommen Lichtern in die Quere.

Abflüge, Anflüge, anschwellende und nachlassende Geräusche.
Ich habe mich schon fast daran gewöhnt. Ich warte nur auf das Geräusch, schlafe in Geräuschen ein.
Um einzuschlafen stellt man sich am besten eine Herde von Hammeln vor, die im Meer gewaschen werden, oder wenigstens die Wellen des Meeres. Die Sonne versinkt im Meer, sie erreicht den Horizont, verschwimmt und verascht wie ein feuchter Heuschober, den jemand angezündet hat.
Vor den weißen Stirnen der Wellen tauchen Schatten auf. Die Wellen schimmern gepreßt, sie kommen wie gefalzte Zeitungen aus der Rotationsmaschine. Lethes Blätter: sie rascheln, sie raunen, wie die Wellen des Flusses des Vergessens.
Ich schlafe nicht ein. Das Herz tönt wie ein Telephon mit nachlässig aufgelegtem Hörer.
Träume blättern mich durch.
Dort hinter den Wänden des Hauses, das Щ 3 heißt, brennt das Abendrot in kalten blauen und roten Streifen. Es herrscht, wiederkehrend und schillernd, scheinbare Stille. Bald werden die Anflüge der TU-114 beginnen.
Nein, ich blättere nicht, Erinnerungen suchend, alte Zeitungen durch.
Der Wind pocht gegen die Asbestblätter der Hausverschalung.
Es ist spät. Schlafenszeit. Nicht denken, keine Pläne schmieden.
Das Pfeifen eines Flugzeugs: seine Lautspur fährt das Schieferdach entlang. Dem roten, weißen Schaum entgegen kocht der Flugplatz mit den Signallichtern.
Ich schlafe ein. Eine Unterbrechung. Unsichtbare Züge fahren vorbei. Hinter dem Birkenwald zählen sie mit unsichtbaren Rädern unsichtbare Gleisnähte.

Ein nichtabreißendes Pfeifen: der Abflug einer TU-114. Schlaftrunken staune ich, daß es beim Passieren der Längengrade nicht rattert.
Ruhig dreht sich die Erde. Am Himmel hat sich sicher irgendein vertrauter Stern hervorgedreht. Wie mag er heißen?
Ich döse. Wahrscheinlich ist das Abendrot jetzt über Moskau, blaß wie die Brust einer Grautaube. Eine Unterbrechung. Ich erinnere mich. Die Jahre strömen ungleichmäßig dahin: zwei Jahre, drei Jahre, fünf Jahre – die Jahre fließen langsam, die Jugend fährt Trambahn, das Alter fliegt wie eine TU-114 und rattert nicht einmal an den Grenzen der Jahrzehnte. Träume, kein Vergessen.
Staunen Sie nicht darüber, daß Sie jetzt gleich von einem kleinen Jungen, von unberühmten Erwachsenen und einfachen Ereignissen lesen werden.
Um die Strömung eines Flusses besser zu erkennen, wirft man ein Büschel Gras ins Wasser, und an den Halmen, die mal langsam, mal schnell vorwärts oder seitwärts wegschwimmen, errät man den Lauf des Wassers.
Ich will Ihnen den Lauf der Zeit zeigen. Die Menschen, von denen im ersten Teil erzählt wird, sind einfach Menschen der alten Zeit. Den Jungen, den ich beschreibe, will ich niemandem als Zögling zumuten: er wird bald siebzig. Er ist schwererziehbar.
Der eigenwillige Gott der Bibel schuf die Welt, wie man sagt, nach seinem Bilde; aber das wird nur von Adam behauptet.
Außerdem gibt es in der Welt noch Ameisen, Elefanten, Giraffen: sie sind einander unähnlich. Sie unterliegen keiner redaktionellen Bearbeitung; es sind Lebewesen recht verschiedener Art. Darüber soll man sich nicht ärgern.
Auch die Menschen ähneln sich nicht.
Es wurden schon viele Erinnerungsbücher gedruckt, aber

die Vergangenheit blickt darin allzu schmuck drein. Meine Kindheit war nicht schmuck.

Bei Pomjalovskij, der ein guter Schriftsteller war, stellt ein Held die Frage: »Wo sind jene Linden, unter denen ich aufwuchs?« Und gibt sich selbst die Antwort: »Es gibt sie nicht und hat sie nie gegeben.«

Heutzutage werden viel Erinnerungen gedruckt, aber die Leute lieben ihre Vergangenheit und verzieren sie mit Blumen und traditionellen Linden.

Ich werde ohne Linden schreiben.

Also, ich schreibe frei heraus. Ein unbegüterter Mensch lebte vor der Revolution beschränkt, blind, verschlossen. Ich meine die Menschen meines Kreises.

Das, was Sie gleich lesen werden, ist kein Buch und kein Fragment eines Buches. Ich bemühe mich, drei abgeschlossene Stücke zu geben: Kindheit, Jugend – sie enden mit der Revolution, die von unten her gesehen wird.

Doch die Revolution hatte, noch bevor sie eintrat, uns bereits verändert.

Ich werde ein zweites Mal von ihr schreiben: wenn die Rede auf die vorsowjetische und die Geburt der sowjetischen Literatur kommt.

Im zweiten Abschnitt will ich von der Universität Petersburg erzählen, von Majakovskij, Blok und Gorkij, vom *Opojaz*, den viele vergessen haben. Das wird ein Bericht darüber sein, nicht wie der Mensch hätte leben sollen, sondern wie er gelebt hat.

Das dritte Stück befaßt sich mit der Geschichte des sowjetischen Films. Ich berichte von Sergej Ėjzenštejn, Aleksandr Dovženko, Vsevolod Pudovkin und von den Männern, mit denen zusammen ich im Film zu arbeiten begann: Lev Kulešov und Abram Room. In diesen Kapiteln wird von unverhofften Siegen und von harter Arbeit die Rede sein.

Der allererste Anfang

Im Sommer ist die Neva blau. Im Winter ist sie weiß. Durch das Blau fahren Jollen mit hohem durchsichtigem Bug. Durch das Weiß ziehen sich hohe gelbe Stege hin. Im Sommer schaukeln auf dem Fluß, ächzen mit den dunklen Tauen graubraune hölzerne Brücken. Bei Hochwasser ragen die Brücken steil auf.

Drei Mähren von gleicher Farbe traben schellend daher und fahren den Wagen aus bemaltem Blech bis zum Buckel der Brücke. Hier halten sie an. Das dritte Pferd wird abgeschirrt. Der Kutscher klingelt. Das Mährenpaar strafft die ledernen Zugriemen. Der Wagen setzt sich in Bewegung.

Das dritte Pferd, mit einem Reiter auf dem Rücken, kehrt im Schritt zurück, um einen neuen Wagen zu holen.

So geht es auf den hölzernen Brücken zu, so auch auf den beiden Eisenbrücken: der Nikolaevskij-Brücke und der Litejnyj-Brücke.

Eine Trambahn gibt es noch nicht in der Stadt: die Konzession der Pferdebahn, in deren Besitz sich sämtliche Gleise auf dem Petersburger Festland befinden, ist noch nicht abgelaufen. Im Winter freilich gibt es das im Konzessionsvertrag nicht vorgesehene Eis. Dann verkehrt von der Admiralität hinüber zur Peterburgskaja Storona und zurück ein kleines Wägelchen der elektrischen Bahn.

Vom Uferkai blickte ich über die hohe Granitbrüstung auf den blauen glitzernden Fetzen Flamme, der über das Wägelchen huschte.

Im Stadtzentrum gibt es Gaslaternen, mit blauem Licht. An den Rändern der Stadt brennen matte gelbe Petroleum-Laternen; ihr Glas ist verrußt.

Auf dem Nevskij-Prospekt bebt auf hohen Pfeilern der violette Schein des elektrischen Lichts.

Die Elektrizität ist noch jung, sie geht auf allen Vieren.
Die Stadt ist still. Im Winter ist sie grau vor Schnee. In der Stadt gibt es keine Automobile, und es wird sie, so scheint es, auch nie geben.
Im Sommer ist die Stadt erfüllt vom Staub und vom donnernden Gedröhne der Pferdefuhrwerke.
Das alles war jenseits des Zeitbergs, wo ein anderes Klima herrschte, wo jede Sache andere Lösungen fand.
Das Leben verlief nach anderen Kriterien.
Geboren wurde ich in der Stadt, die damals Sankt-Peterburg hieß, in der Familie eines aus einer Kreisstadt zugereisten Lehrers, der eine Vierklassenschule in der Mariä-Verkündigung-Straße sein eigen nannte. Die Schule trug damals den Namen der Straße: nach der weißen Kirche Mariä Verkündigung, Ecke Nevskij-Prospekt.
Die Stadt heißt jetzt Leningrad, die Straße heißt Straße des Aufstands, mein Vater absolvierte noch, im hohen Greisenalter, die Pädagogische Akademie und starb als Professor der Hochschule für Artillerie.
Statt der Kirche steht eine weiße Metrostation – ebenfalls mit einer großen Kuppel.
Haben Sie keine Angst, ich werde nicht alles der Reihe nach schreiben. Ich werde nicht minutiös beschreiben, was sich alles verändert hat, denn alles hat sich verändert.
Aber was vergangen ist, war wichtig für mich.
Wieviel Tage oder Stunden oder Minuten im Leben werden wirklich gelebt? Das Leben vergeht in Erwartung. Man zerknüllt es und wirft es fort, wie ein Stück Papier, wie ein erstes Konzept, einen Entwurf, auf daß die Zeit der Reinschrift komme. Doch ins Reine leben kann man nicht.
Hier ist der erste Entwurf.
In Familien mit gutem oder mittlerem Einkommen herrschte damals der Brauch, daß die Mütter nicht selber stillten, sondern Ammen einstellten. Bei uns war das Geld

knapp, aber meine Mutter hatte keine Milch, und so kam eine Amme ins Haus. In alten Zeiten sollen die Ammen ihr eigenes Kind mitgebracht haben. Sie zogen es mit dem fremden Kind auf. Das fremde Kind nannte man den Milchbruder oder die Milchschwester des Ammenkindes.
Jedoch die Zeiten in den Städten wurden rauher, mit der patriarchalischen Milchbruderschaft ging es zuende. Die Wohnungen waren klein, von Milchbrüdern keine Rede; die Amme ließ ihr Kind daheim, wo man ihm wahrscheinlich einen Schnuller aus vorgekautem Brot gab. Die Ammen gingen in speziellen Kostümen über die Straßen, die ihnen ihr Geldgeber stellte. Die Gewänder waren etwa so beschaffen, wie sich die Zeitschrift *Niva* ein altrussisches Gewand vorstellte. Ein mit falschen Perlen besetzter Kopfputz: blau wenn die Amme einen Knaben, rot wenn sie ein Mädchen stillt. Eine Jacke ohne Taille, ebenfalls rot. Die Farbe des Rocks habe ich vergessen. Am Kopfputz wurden viele bunte Bänder befestigt.
Die Amme wurde für eine Stillzeit eingestellt, für etwa acht Monate, und man achtete sehr darauf, daß ihr Mann sie während dieser Zeit nicht besuchte. Der Mann hatte überdies gesetzlich angetraut zu sein, denn die Moral war heuchlerisch. Aber auch der gesetzliche Gatte durfte während der Stillzeit nicht Gatte sein. Damit die Milch der Amme nicht verhätschelt würde, mußten sie und ihr Mann mönchisch leben. Gib den Sohn, den Mann, die Milch her, laß dich ärztlich untersuchen und iß dich acht Monate lang satt. Ammen wurden besser entlohnt als Köchinnen.
Ich behielt meine Amme natürlich nicht von der Stillzeit her im Gedächtnis, sondern später, als sie groß und rothaarig aus dem Dorf angereist kam, mir ungewürzte Fladen mitbrachte, mich küßte und weinte, weil sie mich wiedererkannte und nichtwiedererkannte.

Offensichtlich war ich für sie immer noch ein Glied ihrer Familie. Jedenfalls: ihr Milchsohn.
Zu jener Zeit hatte ich eine Kinderfrau. Ich ging mit ihr durch die Straßen einer Welt spazieren, die bald, nicht allzu weit entfernt, endete.
Morgen. Über das Hemd zog man mir ein Leibchen, das hinten zugeknöpft wurde. An das Leibchen wurden Gummibänder geknöpft, an die Gummibänder: Baumwollstrümpfe aus rotweißem oder weißblauem gezwirntem Faden.
Wir trugen Jäckchen aus Barchent, grau, mit unten durchgezogenem Gummiband. Unters Gummiband kam das Taschentuch; die kurzen Höschen hatten keine Taschen. Man zog uns Hosen aus Tuch an.
Das Wort »Jäckchen« kränkt, es ist unmännlich.
So etwas vergißt man nicht. Kindliche Kränkungen sind nicht wie der Splitter unter dem Fingernagel. Sie bleiben.
In der Kindheit sind die Tage voller Neuigkeiten, sie sind lang vor Unannehmlichkeiten.
Noch heute erinnere ich mich, wie kränkend es ist, wenn einem die Nase fest und sorgfältig mit einem groben Taschentuch abgewischt wird.
Sehr kränkend.
Manchmal fuhren wir auf die Vasiljev-Insel. Dort lebte Onkel Anatolij, ein Weinfachmann. Er lebte in einem Holzhaus, seine Frau besaß einen dreiteiligen Spiegel. Vor dem Spiegel stand ein kleines rosiges Sparschwein. Es bezeichnete für mich den äußersten Rand der Welt.
Zu Hause erzählte uns Nastasja Fëdorovna Dinge, die wir ohne Widerrede glaubten. Zum Beispiel: wenn man auf die runde nasse Spur tritt, die ein Eimer hinterlassen hat, dann laufen einem Kreise übers Gesicht.
Noch heute trete ich niemals auf die Linie eines Kreises.

Märchen erzählte uns unsere Kinderfrau nicht, denn sie war Städterin: Tochter des bankrott gegangenen Kaufmanns Bakalov.
Märchen las aus einem zerschlissenen Band Afanasjev meine Schwester Zenja vor, die zwei Jahre älter ist als ich. Sie hatte goldene, leicht gewellte Locken.
Wir wählten jene Märchen aus, in denen viele Teufel vorkamen, aber wir fürchteten uns vor Teufeln. Zenja nahm einen Blaustift und strich alle Stellen über Teufel durch. Heute noch habe ich das Buch mit den blauen Korrekturen vor Augen. Wenn wir bis zu einem blauen Wort gelangt waren, zeigte mir meine Schwester zwei Finger: das sollten die Teufelshörner sein. Zenja war der erste Redakteur in meinem Leben.
Meine Schwester las nicht lange, sie ermüdete rasch.
In der Welt gab es nicht viel Schreckliches, obwohl wir Kinder von der Cholera wußten. Die Cholera ging nicht vorüber, Jahr für Jahr kam sie wieder. Hunderte von Menschen erkrankten an ihr.
Unsere Kinderfrau berichtete zuverlässig, daß die Ärzte die Cholerakranken in eine große sehr tiefe Grube werfen, in der nichts zu sehen ist. Wenn man sich über die Grube beugt, hört man nur ein langgezogenes Uuuh.
Aber daheim gibt es keine Cholera, wir erkranken an Masern, gleich alle auf einmal. Das Fenster wird mit rotem Tuch verhängt. Wir bekommen Fruchtbrei zu essen, die einen aus Himbeeren, die anderen aus Blaubeeren.
Meine Schwester erkrankte an schwerem Rheuma, später bekam sie einen Herzfehler. Damals wußte man noch nicht, daß Angina fürs Herz gefährlich werden kann.
Wir lebten wie auf einer Sandbank inmitten eines nicht sehr tiefen Meeres. Kein Schiff brachte Nachrichten.
Wir lebten wie im Gras. Im nicht zu hohen Gras. Es reichte uns gerade bis zum Scheitel.

Ich versuche zu fixieren, woran ich mich erinnere.
Zunächst will ich davon erzählen, wie die Straßen aussahen und wie sie sich veränderten, in den langsamen Jahren meiner Kindheit.
Die Aushängeschilder änderten ihr Aussehen: die Abbildungen wichen den Buchstaben. Früher waren links und rechts der Wirtshaustüren Schüsseln, Semmeln, Heringe auf langen weißen Schalen dargestellt. Alles auf blauem Grund. Über der Tür eines Spezereiladens wurden Zukkerhüte, grüngefiederte Ananasfrüchte sowie frankierte Briefumschläge hingemalt. Neben das Schaufenster eines Geschäfts für Fertigwaren zeichnete man auf blauem Grund schwarze Pelzmäntel mit leicht gefärbten Kragen.
Später kamen die Schilder mit den bauchigen Goldbuchstaben auf schwarzem Grund auf Glas gemalt.
Noch später kamen Schilder auf, bei denen die Rückseite des Glases bemalt war.
Auf den Straßen nahmen die Buchstaben immer mehr zu, die Buntheit ließ nach. Die Läden nahmen das Aussehen von Geschäften an.
Unsere Spaziergänge führten nicht weit, besonders im Winter nicht.
Ein Quadrat an der Mariä-Verkündigung-Straße entlang, dort wo sich die Kirche Kozma und Demjan befand. Diese Kirche stand an der Kiročnaja-Straße. Wir Kinder, drei Brüder und eine Schwester (ich der Jüngste), sagten: Kozma und Obezjana [Affe]. Wir wußten Bescheid, ohne die Erwachsenen zu fragen. Wir wußten sogar, wo die Affen wohnen.
Die Kirche hatte einen kleinen Vorgarten. Links war ein Durchgang. In diesem Durchgang, hinter einer Mauer, stand ein Schuppen mit einem Schornstein. Der Schornstein rauchte oft; offenbar wurden dort Öfen geheizt. So entstand unser Mythos, daß in dem Schuppen Affen woh-

nen. Affen lieben bekanntlich die Wärme; um eine Nachprüfung waren wir nicht besorgt.

Der Glaube ergreift das Unsichtbare wie das Sichtbare.

Die Stadt ist mit großen Steinen gepflastert: mit Kopfsteinen. Gepflastert wurde mit der Hand. Wenn man genau hinschaut, sieht man die Steine an einer Stelle zusammenstoßen: immer sechs Stück. Alles Stein an Stein: die weißen Platten der Bürgersteige und das graue Kopfsteinpflaster.

In jener Straße, wo ich zur Welt kam, darf kein Gras wachsen. Es wird mit einem Schaber weggekratzt. Im Hof wächst kein Gras, sondern ein großblättriges, stengelloses Gewächs, das an zerrissenes dunkelgrünes Papier erinnert.

In der Stadt kamen fünfstöckige Häuser mit hervorspringenden Balkonen auf. Die zwei- oder einstöckigen Steinbauten wurden abgerissen, vielmehr nicht eigentlich abgerissen, sondern wie ein Faden abgewickelt.

Wir wohnen in einem zweistöckigen Haus. Das Erdgeschoß ist aus Stein. Neben uns wird ein Seitenbau abgerissen, ein Garten aufgelassen.

Wir, die Kinderfrau Nastasja Fëdorovna und ich, freuen uns darüber. Wir finden, daß die Stadt schöner wird, wenn die Steinhäuser dicht zusammenrücken, Gesims an Gesims.

Fernab steht hinter einem Teich ein Palais mit dicken Säulen. Später erfahre ich, daß es Taurisches Palais heißt.

Auf den Wiesen rund ums Palais wachsen kräftige Eichen.

Die Straße, in der wir jetzt wohnen, hieß Nadeždinskaja-Straße. Sie verläuft unweit der Mariä-Verkündigung-Straße, wo ich geboren wurde. Die Nadeždinskaja-Straße trägt jetzt den Namen Majakovskijs. Man hat sie mit Bäumen bepflanzt.

Vor etwa fünfundvierzig Jahren ging ich mit Majakovskij von dem Haus Ecke Spasskaja, wo er wohnte, zur Žukovskij-Straße. Wir gingen die laute Nadeždinskaja-Straße entlang. Laut war sie wegen ihres Kopfsteinpflasters.
Sie führte auf andere Straßen hinaus, die nicht so laut donnerten, weil sie Holzpflaster hatten.
Trat man auf so eine Straße hinaus, so hörte man deutlich, aber leise die Pferdehufe gegen das Holz schlagen. Der Lärm der Räder war überhaupt nicht zu hören.
In jenen Straßen leben andere Menschen. Wenn diese Menschen krank sind, wird vor ihrem Haus Stroh über das Holzpflaster gestreut, damit nicht einmal der leise Laut der Hufe zu hören ist.
Auf dem Weg zum Litejnyj-Prospekt steht auf einem leeren Platz die Christi-Verwandlungs-Kathedrale. Sie ist von Kanonen mit abwärts gerichteten Rohren umzäunt. Die Kanonen stehen zu dritt: eine hohe in der Mitte, zwei kurze und dicke an den Seiten. Zwischen den Kanonen hängen Ketten. Auf diesen kalten Ketten pflegte ich leise zu schaukeln.
Die weißen Innenmauern der Kathedrale waren verrußt. Die zu Büscheln versammelten alten Fahnen wachsen aus den Wänden wie Sträucher. Von den Wappen und Inschriften ist nur noch die Erinnerung übriggeblieben. Am bemerkenswertesten in der Kirche ist eine hohe Leiter auf kleinen Rädern. Vermutlich dient sie der Entstaubung des Gesimses. Niemals sah ich die Küster die Leiter hinaufsteigen, doch mein Herz erstarb, wenn ich von unten auf die schmalen abgeschabten Stufen blickte. Hier erhielt ich die erste Vorstellung von Höhe.
Das Wasser an den Uferkais steht gewöhnlich ganz tief. Über das niedrige Wasser fahren kleine gedeckte Dampferchen. An der Anlegestelle schnalzte das Drehkreuz, und ein Junge mit einem Pompon rief:

»Kalinkin-Brücke: fünf Kopeken!«
Das Dampferchen kommt auf uns zu und stößt seitlich an die Anlegestelle. Es fährt die Fontanka entlang, unter den langen Brücken hinweg, der Schornstein kippt nach hinten, Rauch füllt die dunkle Brückenöffnung und verwischt den halbrunden Lichtfleck davor.

Zimmer

Unsere Wohnung hat drei Zimmer: das Eßzimmer mit zwei Fenstern – das eine geht auf den Hof, das andere schaut ins Treppenhaus; das Kinderzimmer mit ebenfalls zwei Fenstern – das eine grenzte an die Vorratskammer, das andere an eine Vertiefung, die durch Vorratskammer und Treppenanbau gebildet wurde; quer zu dieser Vertiefung lag ein graugrüner Balken, auf dem Balken saßen, mit den Schwänzen zum Kinderzimmer, Tauben; außerdem noch das Schlafzimmer, dessen einziges Fenster auf die Straße hinausging.
Der Saal gehört nicht uns, sondern der Schule. Dort steht ein Flügel, auf dem Mutter spät abends spielt.
Das Eßzimmer ist, wie bei allen, mit braunen Tapeten à la Eiche beklebt.
Die gelben Wände sind ganz dicht mit Photographien bedeckt, großen und kleinen, in diversen Rahmen. Auf vergrößerten Photos sieht man Kinder, die auf ungewöhnlich hohen Stühlen sitzen und sich an den Händen festhalten. Diese Bilder haben Plüschrahmen. Kleinere Photos hingegen sind in Nußholz eingerahmt. Zwischen den Photos hängen kleine schwarzlackierte geblümte Holzgestelle. Auf den Gestellen stehen Kätzchen und kleine Mädchen. Wenn ein Kätzchen beim Reinemachen zerschlagen wird, stellt man es so hin, daß die Bruchstelle nicht zu sehen ist.

Man wußte, daß man die Öldrucke, die es als kostenlose Beilage zur Zeitschrift *Niva* gab, nicht an die Wand hängen darf, aber man versah sie mit Goldrahmen und hängte sie doch hin. Die goldenen Rahmen wurden mit roten Schnüren geschmückt, die zu einem Nagel führten, der von einer vergoldeten Rosette bedeckt war. Das Bild hing jedoch nicht an dieser Schnur, es hing an verstaubten Bindfäden, die das Bild verdeckte und die zu einem anderen, zum wirklichen Haken hinführten.

An den Wänden Büfetts, an deren Türen verschiedene Abbildungen festgenagelt sind: Obst, Wild. Alles verschlossen.

Die Schlüssel wurden an einen Ring gehängt; ihrer waren viele, sie schepperten, sie gingen immerzu verloren – deshalb heftete man an den Ring noch eine Kette.

Die Möbel sind weich, so bezogen, daß man das Holz nicht sieht; Sessel, Stühle und Liegen sind niedrig, weich.

Vor den Fenstern hängen Vorhänge aus Jute mit einer Zwischenlage Barchent und Kalikofutter. Dahinter Tüllgardinen: sehr viel Weiches, Staubiges. Sogar an den Tischdecken waren weiche gesteppte Auflegestücke befestigt: Seide, in Seide eingenähte Knöpfe und Watte, die aus dem abgeschabten Stoff hervorschaute.

Im Kinderzimmer stehen fünf Betten: vier für uns, eines für die Bonne. Es gibt einen großen Tisch und einen kleinen Kindertisch. Beide Tischplatten sind mit Wachstuch überzogen. Vier kleine Stühlchen. Zwei große Stühle. Diese Art Stühle nannte man: Wiener Möbel.

Ich erinnere mich an meine Hände auf dem Bettnetz. Ich erinnere mich, wie ich den Wandputz neben meinem Bett durchbohrte. Unter dem Putz stieß ich auf Bretter. Ich war enttäuscht. Ich erinnere mich an das mit Ölfarbe bemalte Spielzeug: ich knabberte es an.

Es hatte den Geschmack der Enttäuschung.
Die Wände sind mit weißer Emailfarbe bemalt. In der Ecke ein runder Ofen mit einer eisernen Ofenklappe; sie ist mit derselben Farbe bemalt. Ich entsinne mich des Geruchs dieser Farbe beim Heizen.
An der Wand ein kleiner Spiegel in einem Nußholzrahmen und ein zweiter Rahmen, ebenfalls Nußholz. Im Rahmen ein postkartengroßes Photo: Großvater und Großmutter, beide sitzen, neben ihnen stehen drei Tanten und schauen mit offenen Augen direkt auf mich.
Alles ist unfertig und bereits beschädigt. Es gibt ein französisches Sprichwort: wenn die Wohnung fertig ist, kommt der Tod.
Dort wo man nicht im Reichtum lebte, kam der Tod in unfertige Wohnungen.
Doch zurück ins Eßzimmer. Auf dem Tischchen mit den weichen Ecken liegt ein Photoalbum, das Album ist in Leder gebunden und mit irgendwelchen aus weichem Messing ziselierten Blumen verziert. Diese Blumen sind zerbrochen. Im Album ist auf manchen der dicken Blätter nur ein Photo, auf anderen Blättern je zwei kleinere.
Einige Photos sind noch hell, andere bereits vergilbt.
Meine Patentante Katerina Fërodovna Maevskaja besitzt ein Album mit eingebauter Spieldose. Zieht man sie auf, setzt sich langsam eine Walze mit Zapfen in Bewegung und berührt träge die Zähne eines Metallkammes.
Sonst gibt es in jenem Haus nichts Interessantes, obwohl dort auf dem Spiegeltisch irgendwelche Damen stehen, die gläserne Flöten halten.
Von diesem albernen Zeug sind nicht einmal Scherben übriggeblieben. Jedoch der Schimmel davon hat sich erhalten. Zuweilen wird solches Zeug neu hergestellt.

Man lebte erschreckt dahin und versteckte sich vor dem Leben. Tante Nadja sprach, das graue Haupt stolz erhoben:

»Ich habe mein Leben gelebt, ohne jemanden zu brauchen, und bin in keiner Weise aufgefallen.«

Das Leben war eingezäunt.

Man verschloß alles, denn alles war teuer. Alles ist gezählt und abgemessen. Stückzucker kostet vierzehn Kopeken, Streuzucker elf. Bei der Einstellung eines Dienstmädchens wurden Tee und Zucker extra abgesprochen.

Ich wußte lange nicht die Namen der Bäume, Gräser und Sterne. Die Namen der Tiere kannte ich nur aus dem Lottospiel. Doch Kopekenrechnungen waren mir geläufig.

Es war sehr still. Irgendwo weit weg wurde Krieg geführt, im Unbekannten: in Afrika und China.

Das neunzehnte Jahrhundert ging zu Ende. Einmal sah ich in einer Zeitschrift eine Zeichnung: ein Mann mit Flügeln; die flachen Flügel sind in Halshöhe angebracht, unten stehen die langen Beine ab. Später erfuhr ich, daß der Mann Lilienthal heißt. Er wollte fliegen und brach sich die Beine.

Man soll nicht fliegen.

Wenn ich mich heute zu erinnern versuche, wie ich mir damals mich selbst vorgestellt habe, kommt folgendes heraus: ich schwimme, gläsern, durchsichtig, im Wasser, ohne es zu überholen, ohne zurückzubleiben; mich gibt es nicht, und ringsumher verändert sich alles.

Mir ist traurig und interessant zumute.

Ich will vom Zaun erzählen.

Etwa vor fünfundsechzig Jahren lebten wir auf einem steilen Sandberg, fünfzehn Kilometer vor Petersburg.

Unterhalb des Sandbergs floß ein kleines Flüßchen durch

die Dünen. Es war gestaut und bildete eine Reihe von Teichen, die den Namen Ozerki trugen.
Als ganz kleiner Junge fand ich die Stelle, an der das Flüßchen entsprang. Ich war sehr stolz darauf.
Die Ozerki wurden später von Blok entdeckt. Er erblickte hier die *Unbekannte.*
Wir hielten sie für ein großes Gewässer.
Auf diesem Gewässer, erinnere ich mich, wurden sogar Segelregatten veranstaltet.
In meinem Gedächtnis sitzt ein kleiner Sonnenfleck, ihn durchquert eine geneigte Jacht, deren eine Bordwand beinahe das Wasser berührt. Die Jacht fährt nicht schnell. Drei Erwachsene in Mänteln sitzen an der hoch erhobenen Bordwand. Die Jacht wendet.
Gewöhnlich pochten da unten jedoch nur die Ruder in den Dollen.
Gebadet wurde in Ozerki in Kisten. Die Kisten, die durchsiebte Wände hatten, wurden ins Wasser gesenkt. Oben waren sie durch die blauen Bretter der Badeanstalt begrenzt.
Das Wasser in der Badeanstalt leuchtete am Grund streifenartig zwischen den Bohlen des Gitters; es war blau und grün. Oben war die Anstalt halb von einem Dach überdeckt, damit der Regen die Kleider der Badenden nicht benetzt.
Neben unserer Datscha verläuft der Steilhang bis zum Wasser hinunter, ein Friedhof. Die Gräber sind eingezäunt. Es ist ein reicher Friedhof. Die Stäbe der Metallgitter bilden oben speerförmige Spitzen. Sie sind mit weißer Emailfarbe gestrichen. Die Grabdenkmäler sind gleichfalls gestrichen. An ihnen sind ovale lackierte Porzellanplatten mit den Photos der Verstorbenen angebracht. Die Erde zwischen Grabstein und Eisengitter ist mit kreuz- und kreisförmig angeordneten Blumen bepflanzt.

Daneben standen ovale Schachteln mit Glasdächern, in denen unter Glas Kränze aus künstlichen Blumen mit weißen und schwarzen Schleifen hingen. Sie waren sehr gemütlich verpackt.
Auch den Verstorbenen hatte man in ein gemütliches Schächtelchen gelegt. Sein eigenes Photo hatte man ihm hingehängt. Auf dem Photo ist ein Mann mit Kragen und Schlips zu sehen. Beine und Arme fehlen.
Um sein Los kann man unbesorgt sein. Er hat ein neues Zimmer bezogen, mit einem Blumenteppich vor dem Grabesbett.
Es gibt kleine gläserne Gruft-Wohnungen, die so ähnlich aussehen wie die Bauer der Kanarienvögel. Oben Stäbchen, unten Glas. Mit solchen Glasplatten wurden die Vogelbauer unten verglast, damit die Vögelchen, wenn sie in ihren weißen Schüsselchen baden, nicht das Wasser verspritzen.
Ich mochte keine Kanarienvögel. Ich besaß einen großen roten Vogel, einen Vogel, kein Vögelchen: einen Gimpel. Er sang laut und sehr kurz am frühen Morgen. Wegen dieses Liedes wachte ich immer auf. Der Käfig stand neben meinem Bett.
Dann fraß den Gimpel eine Ratte.
Die Vogelbauer wurden in Stadtwohnungen hoch aufgehängt, damit Ratten und Katzen nicht herankamen.
Zwischen Datschen und Friedhof verläuft ein dichter Zaun aus quer genagelten rohen Brettern. Hier wachsen Sträucher mit brüchigen Zweigen. Die Zweige haben weiches Mark.
Es ist so feucht und dunkel, daß auf der schmutzigschwarzen Erde nicht einmal Gras wächst. Eigentlich ist das gar keine Erde, sondern schmutzgeschwärzter Grund. Dabei müßte der Boden hier sandig sein.
An der Seeseite ist der Zaun nicht so dicht. Hier hinaus liegt der Balkon.

Vom Balkon aus bietet sich ein Blick auf den See, der unten ausgebreitet liegt, plattgedrückt wie Bleipapier. Solches Papier, in das der Tee eingepackt war, legten wir über eine Münze, rieben es mit den Fingern und sahen das Bild der Münze auf dem Papier hervortreten.
Neben der Balkontreppe wachsen, reichlich mit Wasser begossen, kreuzförmig angeordnete Blumen.
Der Balkon ist nicht so sorgfältig gestrichen wie die Gitter auf dem Friedhof, aber mit Fleiß. Die Datscha kam uns ja auch ziemlich teuer.
Der Friedhof schreckte uns nicht.
Schrecklich war das Geld. Verschiedenes Geld. Das eine fast unvorstellbar: golden, rund, unerwartet schwer. Ich erinnere mich an sein verblüffendes Gewicht auf meiner kleinen Hand, als man es mir zu halten gab.
Es kursierte erwachsenes Geld: silberne, weiße, dicke Rubelstücke, an deren Borte mit noch unverständlichen Buchstaben irgend etwas geschrieben stand. Auf der einen Seite ist ein Adler geprägt; er hat seine Krallenflügel und Schnäbel so weit ausgespannt, daß sie das Münzenrund bis an den Rand füllen.
Auf der Rückseite – verschiedene Zaren. Einer mit starkem Bartwuchs: der ehemalige Zar Alexander III., und einer mit spärlichem Bart: Nikolaus II., der »jetzige« Zar. Auf den halbwüchsigen Fünfzigkopekenstücken sind ebenfalls Zarenantlitze. Auf den Kupfermünzen dagegen, den zwanzig und fünfzehn Kopeken, sind keinerlei Gesichter. Diese Münzen haben auf der einen Seite eine Zahl, auf der anderen besagten Staatsadler.
Zur Familie des Kupfergeldes gehörten noch die schweren braunen Fünfkopekenstücke. Manchmal bekam man welche mit großen Buchstaben in die Hände. Sie waren dreimal so schwer als das damals übliche Geld und legten den Gedanken nahe, daß auch die Menschen früher größer waren.

Geld ist schrecklich nicht nur in seiner vollen Bedeutung, sondern auch, wenn es zum erstenmal ins kindliche Bewußtsein tritt.
Es ist schrecklich bei Garin-Michajlovskij in *Tëmas Kindheit*, bei Kuprin in den *Kadetten*, bei Kataev in *Es blinkt ein einsam Segel*. Ein Rubel, sogar dreißig Kopeken können das Leben eines Kindes zerbrechen, es zu Lüge und Diebstahl nötigen.
In der Kindheit hatten wir vor vielem Angst. Nachts, erinnere ich mich: alles ringsum war schrecklich, hinter der Wand reden zweistimmig die Rohre, im Zimmer ist irgendein furchtbares Wesen, ich ziehe mir die Decke über den Kopf. Im Eckfenster graut der trübe, aber nicht furchtbare Morgen. Morgens wurde das Gesicht mit einer großen rauhen Handfläche gewaschen. Ich hob den Kopf und streckte den Hals: so wie das Katzen oder Hunde tun, wenn man grob mit ihnen umspringt und sie sich nicht wehren dürfen.
Satt essen konnten wir uns, obwohl niemals Butter auf den Tisch kam. Sauber waren wir: man wusch uns in einer verzinnten Wanne aus rotem Messing mit spärlich eingeseiftem Schwamm.
Hauptsache, daß es nichts Überflüssiges gab, alles war eingezäunt, markiert und abgesprochen.
Man betrat keinen Rasen, man brach keine Blumen, man hielt die Hände nicht in den Hosentaschen, man legte die Ellbogen nicht auf den Tisch, man tat vieles andere nicht. Zumindest nicht, wenn alle es sehen konnten.
Das Geld war über allem anderen: wie eine Gewölbedecke; eine niedrige und furchtgebietende Decke.
Übers Geld wurde immerzu geredet, ehrerbietig und gedämpft. Hauptgesprächsthema war die Miete: Mutters leise Frage, Vaters unzufriedenes Brummen. Die Miete versuchte ich mir nicht einmal vorzustellen, aber es ver-

gingen dreiundsechzig Jahre, und ich weiß immer noch, daß das Klafter Brennholz sieben Rubel gekostet hat.
Es mußte Birkenholz sein. Einen Berg gespaltenes Brennholz, um das eine Schnur gewickelt war, schleppte der Gehilfe des Hausmeisters auf dem Buckel den Dienstbotenaufgang hinauf. Der runde Berg aus Scheiten schien schwer atmend von selbst die steilen abgewetzten Steinstufen hinaufzuklettern. Das Holz fiel in der Küche auf den Fußboden. Die Küche füllte sich mit dem Geruch von Frost und Fluß.
Das Holz schwamm in Schleppkähnen die Neva und Fontanka entlang. Die tief im Wasser liegenden Kähne waren in mehreren Reihen an den steinernen Uferkais vertäut. Das Holz wurde über Bretterstege auf Schubkarren gelöscht. Die Kähne wuchsen langsam aus dem Wasser empor, die nassen geraden Bordwände wurden durch das gußeiserne Geländer der Kanäle hindurch sichtbar, auf dem Ufer bildeten sich enge Straßen aus Holz, die nach vertrauter Feuchtigkeit rochen.
Die schwarzgelben Taue ächzten, hielten aber die Kähne an den Eisenringen der Kais fest.
Viele Jahre später bestanden die letzten rings ums Winterpalais aufgeschichteten Befestigungen der Fahnenjunker und des Frauenbataillons, die die Provisorische Regierung verteidigten, aus Brennholz.
Am Feuer, das sich von diesem Holz nährte, saßen im Gespräch Blok und Majakovskij.

Großvater und Großmutter

Meine Großeltern lebten in einem Nebengebäude des Smolnyj-Instituts. Man muß zu ihnen weit fahren, vorbei am roten Wasserturm an der Špalernaja-Straße, an der sich einstöckige Kasernen entlangziehen. Gegenüber dem Wasserturm steht ein breites Haus mit dicken Säulen, die weit weggeschoben sind vom niedrigen Zaun mit den Schilderhäuschen aus Stein. Das Haus heißt Taurisches Palais. Dahinter ein Garten, in dem Leute spazieren gehen, aber hier ist alles so groß, daß der Garten weit weg ist. Die Bauten des Smolnyj stehen da wie ein Kirchenchor auf der Empore.

Dahinter der Dirigent, der die Hand mit den gespreizten Fingern hochreckt – die hohe fünfköpfige Kathedrale.

Sie ist umgeben von einer Front niedriger Diskant-Gebäude. Mitten unter ihnen erheben sich breitschultrige Kirchen: die Bässe.

Alle singen unisono.

Um die Kathedrale herum ist ein Garten. Im Winter sind die Bäume bereift und sehen aus wie Weihrauchwolken.

Man erzählte mir, der Bauunternehmer, der das Smolnyj-Institut errichtete, hätte einen Orden bekommen und sich am Ordensband aufgehängt: er wollte mehr Geld haben. An seinen Namen kann ich mich nicht erinnern. Der Name des Architekten, über den keine Anekdötchen erzählt wurden, ist Rastrelli.

Der Smolnyj besteht aus dem Institut und dem »Altersheim für adlige Witwen«.

Der Wäscheverbrauch hier war groß, deshalb gab es eine Dampfwäscherei. Der Wäscherei stand ein Deutscher namens Karos vor; zusammen mit ihm wohnten noch viele andere Deutsche hier, darunter mein Großvater.

Die sozusagen hochedlen Witwen hatten Einzelzimmer, deren Türen auf eine helle Galerie hinausführten. Jene Witwen, die nichts als edel waren, deren Blut bloß halbblau war, beschlossen ihr Leben in großen Räumen zu sechs bis acht Betten.

Daneben das Gebäude mit den Säulen ist das Smolnyj-

Institut für höhere Töchter. Es ist nicht der Smolnyj, den heute die ganze Welt kennt, aber es ist derselbe Platz.
Mädchen in gestreiften Leinenkleidern sind die dienstbaren Geister; sie alle kommen aus dem Erziehungsheim und heißen im Volksmund »polosatki«, die Gestreiften.
Im Garten gehen die höheren Töchter spazieren. Mir ist, als hätten sie sommers wie winters Mäntel mit kurzen Pelerinen getragen – ich erinnere mich nicht mehr, ich habe es mir nicht gemerkt.
Mein Großvater lebte hinter einer Mauer, in einem einstöckigen Hofgebäude. Er hatte ein großes, sehr leeres Zimmer mit Steinfußboden, karoartig gelegte Fliesen. Ein niedriges Fenster, ein großer in die Wand gedrückter Kachelofen. Auf dem Fußboden Topfpflanzen, schon große und kleine – Ableger.
Besonders fest in meinem Gedächtnis haften die dunklen Kattunvorhänge und die Zuckerdose aus blauem Glas. In der Zuckerdose liegen zwei Stück Kuchen. Wir sind zu Besuch bei den Großeltern.
Großvater ist Gärtner am Smolnyj-Institut. Im Hof hinter der Steinmauer versteckt sich ein alter Apfelbaum, dessen Zweige von – einer Krücke gestützt werden. An der Mauer eine Bank. Man kann sich daraufstellen und hinausschauen.
Hinter dem tauben Stein der Mauer wendet sich die Neva. Jenseits der Neva ist etwas Rotes, ich weiß nicht was. Ich weiß nur, daß es rot und klein war.
Mein Großvater, Karl Ivanovič, sprach schlecht russisch, Großmutter konnte überhaupt kein Deutsch. So waren vierzig Jahre vergangen.
Alle Dinge im Zimmer sind dunkel; im Hintergrund steht schwarz und glanzlos ein kleines Harmonium. Großvater setzt sich auf den schweren harten Stuhl, der vor dem Harmonium steht, seine großen Füße in den schwarzen

Halbschuhen treten auf die beiden Pedale. Sich selbst begleitend, gleichmäßig mit den Pedalen schaukelnd, als marschierte er auf der Stelle, singt er für uns auf russisch:

Selbst Bismarck hätte sich vor Freude
Beinah drei Haare ausgerissen,
Als ihm der Telegraph
Diese Nachricht brachte:
Die Deutschen hätten tapfer
Einen wichtigen und großen Ort besetzt
Und in Afrika befestigt
Die Rechte des Vaterlandes,
Die Rechte des Vaterlandes ...

Großvater singt, dabei die Worte dehnend, weil er nicht immer rechtzeitig die richtige Taste finden kann. Die verbrauchten Bälge des Harmoniums atmen schwer.

Im Zimmer ist es still. Ich sitze da, das Kinn auf den Tisch gestützt. Ich kann nicht vom Sessel runter. Ich blicke auf die blaue Zuckerdose mit den zwei Stück Kuchen und weiß nicht, daß sich unterm Horizont hervor, zu den Klängen dieser scherzhaften Weise, eine neue Ära erhebt: die Ära des Imperialismus.

Menschen marschieren, ziehen durch alte, prall mit Geschichte angefüllte Länder; diese Orte erscheinen ihnen als Wüste und als für sie allein bestimmt.

Es lauscht Großvaters alter, langohriger, gleichmütiger Hund: Karl Ivanovič hat ein Gewehr, er geht auf die Jagd.

Die Wälder und Kahlschläge reichen bis an die Ochta. Auf Kahlschlägen läßt sich gut jagen.

Karl Ivanovič nimmt sein Gewehr und geht in den Wald.

Zu Hause begann man lauter zu sprechen: in seiner Anwesenheit war man ans Schweigen gewöhnt.

Großvater singt sein Scherzlied weiter:

Seither sagen in Berlin alt und jung
Nur noch dies eine:

Nach Afrika, nach Afrika,
Nach Ki-Ka-Kamerun.

Ich, der ich Nadeždinskaja Ecke Sapërnyj wohne, weiß nichts über Afrika und Kamerun.

Heute ist Kamerun ein freies Land. Viel Blut ist seither geflossen.

Zwanzig Jahre später werden die Deutschen unsere Grenze überschreiten, es wird Krieg sein, man wird mich einberufen, ich werde bei der Attacke die schwarzen Helme und schweren Stiefel der Deutschen sehen und werde gegen die flachen Bajonette vorstürmen, die an den dicken Gewehren angebracht sind.

Vierzig Jahre später wird ein zweiter Krieg mit den Deutschen sein. Die Deutschen werden meinen Sohn bei Tilsit töten.

Bitter ist der hohe Morgen der Welt!

Ja, in der Welt ist Morgen. Früher Morgen. Die Erde, die ich in der Kindheit ungläubig als Globus betrachtete, die runde heimatliche Erde, ist von allen Seiten beleuchtet. Die Welt hat sich seit der Oktoberrevolution stärker verändert als zuvor im Verlauf von Jahrtausenden. Sie wird von Trägerraketen emporgetragen, die sie mit beschleunigter Geschwindigkeit in die Zukunft hinausschießen, man spürt die Geschwindigkeit im Gesicht: nicht als Wind, sondern als Druck in den Blutgefäßen.

Doch die Zukunft war noch fern. Noch vergeht die Zeit langsam.

Mein Großvater hat dreizehn Kinder, die er gleichsam übersieht.

Meine dunkelgesichtige, schwarzbrauige Mutter ist eines der jüngsten.

Großvater ist ein Deutscher aus Cesis, das früher Wenden hieß. Großmutter stammt aus Peterhof, aus einer Schleifermeisterfamilie. Dunkel erinnere ich mich ans alte

Peterhof und an die Häuschen, die gestrichen waren: die eine Hälfte rot, die andere blau. Damals wirkte das sehr seltsam. Hier lebten die Heizer des Schlosses und die Arbeiter der Schleiferei. Großvater starb, früh, an Schwindsucht.

Meine Großmutter – die Mutter meiner Mutter – hieß Anna Sevastjanovna. Wie alt sie in meiner Kindheit war, weiß ich nicht; alle Verwandten sind gestorben, man kann niemanden fragen. Ich denke, sie ist Ende der Dreißiger Jahre geboren. Großmutter lebt mit ihren Töchtern, die in der Statistik arbeiten. Im Jahre 1897 hatte man alle Bewohner des alten Rußland gezählt und hatte dann für wenig Geld junge Frauen eingestellt, damit sie die Zettel sortierten. Man nannte das »Statistik«. Diese Frauen wurden über den Zetteln alt. Bis zu kybernetischen Rechenmaschinen war es noch mehr als ein halbes Jahrhundert.

Großmutter arbeitete viel im Leben, sie wusch und kochte für zwei Töchter. Nach Großvaters Tod lebten sie in der Grodnenskij-Gasse, in einem dunklen Haus, im Hinterhof, in einer engen Wohnung.

Die Häuser waren durch Brandmauern getrennt, die aus feuerpolizeilichen Gründen keine Fenster haben durften, und manche Höfe in Petersburg waren so dunkel, daß nicht einmal Schimmel an ihrem Grund wuchs.

In so einen Hof schaut bloß ein Schnittchen Sonne hinein.

Im Hof bewegt sich ein langer, je nach Jahreszeit verschieden geschnittener Schatten.

Dort unten singen Straßensänger, spielen Leierkastenmänner, fliegende Händler rufen mit guttrainierten Stimmen ihre Ware aus. Am kürzesten ist der Ruf des Altwaren-Aufkäufers: »Chalat, chalat!«*

Lang ist der Ruf: »Čulki, noski, tufli!«* Ihn ruft eine Frau,

* chalat: Kittel; čulki: Strümpfe; noski: Socken; tufli: Schuhe.

die beiden ersten Worte im Rezitativ; das letzte wird mit hoher Stimme gesungen.

Großmutter hat zwei Zimmer und eine Küche. Die Fenster gehen auf den Hof hinaus.

Auf der Kommode ein gehäkeltes Tischtuch und ein Wekker, der stets fünfzehn Minuten vorgeht, damit die Töchter sich nicht zur Arbeit verspäten.

In guten Zeiten fuhren Mutter und Vater manchmal ins Theater. Mutter legte eine Brosche an, Vater seinen Frack. Bei uns blieb Großmutter Anna Sevastjanovna. Sie hat große tiefliegende Augen und eine – jetzt erinnere ich mich – schöne Stirn, aber die Schläfen sind eingefallen, über der Stirn geht ein glatter Scheitel durch das noch nicht vollends ergraute Haar, das mit Klettenöl glattgestrichen ist.

Auf Großmutters Kopf sitzt ein kleines Hütchen. Es ist aus Samt, wird mit Draht zusammengehalten und sitzt direkt auf dem Wirbel; den Hut halten zwei breite Bänder, die unterm Kinn in einer großen Schleife enden.

Das Hütchen heißt »toka«.

Damals glaubte ich, nur Großmutter trüge solche Hütchen. Später erfuhr ich, daß das eine Mode war, allerdings eine alte.

Großmutter war bei diesem Hütchen stehengeblieben, weiter wollte sie nicht gehen – so wie ich mich nicht entschließen kann, kurze oder enge Hosen anzuziehen.

Ich werde einmal in alte Journale hineinschauen müssen. An ihren aquarellierten Modebildern werde ich feststellen, welchen Jahres jene Hutmode war, und wann Großmutter aufgehört hatte, mit der Mode zu gehen.

Großmutter nimmt ihren Paradehut ab und legt ihn auf den Tisch.

Sie setzt sich, streicht ihren Rock zurecht. Sie schaut sich bedächtig im Zimmer um.

An der Wand hängt ein kleiner Rahmen, im Rahmen ist ein buntes Bild aus irgendeiner Zeitschrift: Bischof Ioann von Kronstadt. Sein Familienname ist Sergeev. Ich glaube, er ist mit Großmutter verwandt: ein Bruder von ihr ist Diakon in der Andreas-Kathedrale in Kronstadt. Über den Bruder spricht man nicht: dem Diakon war die Frau gestorben, er hätte Mönch und später Priester werden müssen, aber er lebt mit seiner Wirtschafterin zusammen.
Großmutter hat Hände mit blauen Äderchen, denen es unter der Haut scheinbar zu eng ist.
Die Venen auf den eingefallenen Schläfen berührte ich vorsichtig mit den Lippen. Ich spürte meine Lippen und die fragile Elastizität von Großmutters blauen Venen.
Großmutter, die allein auf der Welt einen lila Hut aus Samt mit Schleifen trug, bekam für einen Abend, den sie mit uns verbrachte, einen dicken Silberrubel geschenkt. Uns sagte man das nicht, wir wußten es einfach.
Die Ängste und Träume waren nachts konzentriert. Ich schlafe ein und laufe nachts im Traum auf allen vieren ganz rasch durch niedrige, getünchte gewölbeartige Gänge, von hinten holt mich jemand ein, lärmend wie die Lastkutscher auf dem Kopfsteinpflaster. Ich falle und presse mich gegen den Fußboden, das Schreckliche rennt an mir vorbei: man darf es nicht anschauen. Dem Schrecklichen kehrten wir nach Möglichkeit den Rücken zu. Nachts zogen wir uns die Decke über den Kopf.
Auf der Kommode stehen zwei bemalte Büsten aus Ton: Zigeuner und Zigeunerin. An der Wand steht etwas Weiches, darüber liegt dunkler Kattun noch aus der Smolnyj-Zeit – der Ersatz für einen Divan.
Großmutter lebte jahrzehntelang in ihrer Wohnung. Ich ging bereits auf die Universität, die Töchter hatten die Stellung gewechselt, sie aber lebte immer noch in ihrer

Wohnung und war stolz darauf, daß ihr nichts passiert und daß ihre Töchter nie aufgefallen sind.
Erinnerungen hatte sie nicht. Mir ist allerdings bekannt, daß Großvater sie entführt hatte, als sie vierzehn war, und sich dadurch den Zorn seiner Verwandtschaft zugezogen hatte.
Sie war gealtert, hatte Atembeschwerden, schlief im Sitzen, indem sie sich fünf pralle Kissen hinter den Rücken legte. Morgens stand sie auf, wusch etwas, bereitete etwas Eßbares zu, irgendeine unscheinbare Speise, die man rasch vergißt. Die Tanten, die bei ihr leben, sind alte Jungfern, sie gehen ins Büro, aber nicht ins Theater. An Bekannten haben sie zwei, drei Familien. Klatsch beginnt bei ihnen mit den Worten: »Ein Menschlein sagt ...«
Das Wort »Badehaus« gilt als unanständig. Sie sagen dafür »Maskerade«.
Sie sind keine Russinnen und keine Deutschen; sie sind die Molke aus der dicken Milch.
Ihre lebendigste Erinnerung ist, daß sie einmal auf einer Hochzeit Cotillon tanzten.
Ihr Bruder, mein Onkel Volodja, arbeitet in einer Fabrik. Das wird vertuscht. Die Tanten halten sich für feine Damen, arbeiten viel, sprechen gedämpft; immer über dasselbe; nie über das Wesentliche.
Die Tanten leben geduckt, dürftig und erschreckt. Sie könnten Dostoevskij-Menschen sein, wenn sie sich erlauben würden, über sich selbst nachzudenken und zu reden. Sie aber schweigen, sie verbieten sich das Denken und Klagen. Deshalb sind sie Barancevič-Menschen. Sie liegen am Grunde der Stadt, wie in einem Büchermagazin unverkäufliche Bücher liegen, vom Gewicht anderer Bücher auf ewig eingeklemmt; sie liegen und gilben. Noch früh am Tag gehen sie in ihre kalten Betten schlafen, auf die gelb gewordenen Linnen.

Großmutter heizte selten. Sie schob vorsichtig die beiden schwarzen Ofenklappen beiseite, öffnete nur zögernd die Fensterklappe in den dunklen Hof, sie wollte nicht, daß die Wärme entwich. Aufseufzend gedachte sie des Smolnyj, wo das Brennholz gratis war, sie machte, sich fast die Hände verbrennend, den Ofenspalt noch schmäler. Sie litt keinen Hunger, aß jedoch vorsichtig, zählte das Geld und die Bissen, wie ein Sterbender die Stunden zählt.

Ėmilija Petrovna

Das erste Buch, das man mir schenkte, hieß *Schelme und Schelmchen.* Es hatte einen rosa Einband, auf den ein rundes buntes Bild aufgeklebt war. Dort wurde erzählt, wie ein Junge auf dem Hochrad verunglückte. So ein Hochrad ist etwas Phantastisches: das Vorderrad war mannshoch, das Hinterrad maß einen Viertelmeter.

Der Fahrer saß oben.

Solche Fahrräder gab es schon damals seit zwanzig Jahren nicht mehr, aber im Buch hatten sie sich erhalten. Im Buch wurde man davor gewarnt etwas zu tun, was man gar nicht mehr tun konnte:

Auf einem großen Fahrrad
Schnell zu fahren, ist so gefährlich,
Sprach Vati zu Fedja,
Aber stets vergeblich

Ich erinnere mich gut an dieses Buch; ich habe daran lesen gelernt.

Das ABC lernte ich noch früher anhand hölzerner Klötze mit abgebissenen Ecken. Das Spielzeug des Jüngsten ist immer gebraucht. Die Welt öffnete mir meine Bonne Ėmilija Petrovna, sie las gern vor, vielleicht deshalb, weil das vergleichsweise interessanter ist als abzustauben, Jacken

aus fehlendem Barchent zu schneidern oder keilförmige Flicken aufzunähen.
Ėmilija Petrovna kam aus der Stadt Narva. Bonnen wurden auf dem Anzeigenwege ausgesucht. Die Anzeigen der Bonnen und Köchinnen füllten im *Novoe vremja* ganze Seiten. Außer den Angeboten gab es viele Suchanzeigen. Oft waren sie so formuliert: gesucht wird eine Bonne für soundsoviel Kinder, »ohne Prätentionen«. Prätention ist ein Soldatenwort. Es meint: eine Klage gegen die Vorgesetzten, in deren Anwesenheit, vor versammelter Mannschaft. Ohne Prätentionen leben bedeutete: vor Tagesanbruch aufstehen, keine Freizeit und kein eigenes Eckchen haben, mitschneidern, mitnähen, saubermachen, keine Widerrede, wenn man beschimpft wird.
Ein Recht wurde Ėmilija Petrovna zugestanden. In der Küche glitzerte dunkel ihre große kupferne Kaffeekanne, sie kochte immerzu Kaffee auf dem Herd. Den Kaffee tat sie in einen Strumpf, darin siedete er unablässig.
Den Geschmack habe ich vergessen, ich erinnere mich an den Geruch des Strumpfes und der Zichorie.
Ėmilija Petrovna war ganz ohne Prätentionen, sie schneiderte, sie nähte. Bei uns zu Hause ratterte immer die Nähmaschine; und gegen die Maschine sang ein Kanarienvogel an: diese Prätention hatte er; ich weiß nicht, wovon die Kanarienvögel heutzutage singen.
Ėmilija Petrovna erzählte mir von Narva, von den engen Gassen und den hohen Mauern, von den Märkten, auf denen süße Sahne feilgeboten wird.
Nach Narva kam ich im letzten Krieg. Die Mauern waren zerstört, die Häuser lagen so zerstückelt darnieder, als hätte man Späne für einen Samowar gebraucht. Daneben, vorbei an zerstörten Fabriken, über das gesprengte Wehr, stürzte von einem ziemlich niedrigen Felsvorsprung, bewegt wie eine Pferdemähne im Wind, ein Wasserfall.

Meine älteren Brüder gingen schon zur Schule. Ich sehe mich auf einem kleinen Stuhl sitzen, dessen Lehne aus Buchenholz ich mit einer Schnur zersägt habe. Ich brauchte dazu drei Jahre. Wozu ich das tat, weiß ich nicht mehr.

Ėmilija Petrovna sitzt in einem schwarzen ausgebleichten Rock auf einem Wiener Stuhl und liest Jules Verne vor.

Sie las bis zur Heiserkeit von Kapitän Nemo, Kapitän Gatteras, von Paganella, Passepartout und vom Dampfelefanten, der eine Haut aus Dachpappe hat. Das beeindruckte mich tief, es war so konkret. Die Existenz solcher Elefanten erschien mir glaubhaft, Fetzen von Dachpappe hatte ich einmal nach einem Brand in Ozerki gesehen.

Kapitän Nemo schwimmt durch den Ozean. Hinter den Bullaugen sind Kraken, Wilde versuchen, die *Nautilus* zu entern. Auf der *Nautilus* brennt Licht, elektrisches Licht, es ist trocken und geräumig, es gibt keine Gespräche über Brennholz und keinen Streit, man schwimmt und schwimmt. Eisen trennt die Insassen vom Ozean und von der Angst.

Heute liest man einen anderen Jules Verne. Heutzutage sind das historische Romane, die Technik, von der Verne träumte, hat sich auf andere Art verwirklicht. Ich aber lauschte Romanen über die Zukunft und glaubte, daß es sie weit weit weg schon irgendwo gibt: weiter weg als der bereits gesehene Taurische Garten, in dem mich Ėmilija Petrovna spazieren führte, weiter weg als das rosa Schweinchen auf der Vasiljev-Insel. Das Meer – als Kind in Petersburg sah ich niemals das Meer, auch Großmutter hatte es nie gesehen – das Meer war damals sehr fern. Ein anderes, unbekanntes, noch unvorstellbares Meer durchschwimmt die *Nautilus*.

Mir ist, als hätte ich Jahre auf dem Fußboden gesessen, sei auf Jules Vernes Schiffen geschwommen, mit Gustave

Aimard durch die Wüste gezogen. Jene Wege waren märchenhafter als die Märchen Afanasjevs. Ich bin sie entlanggezogen.
Bei uns daheim ging niemand auf Reisen. Davon daß Vaters Bruder, Onkel Isaak, durch den fernen Nordosten Asiens zog, wurde nicht gesprochen. Ich wußte nichts von ihm, obwohl ich immerzu Reisebücher las.
Das Ungewöhnliche, wenn es einmal geschah, blieb unerwähnt. Onkel Volodja, ein Bruder meiner Mutter, sammelte Geld und fuhr mit einigen Freunden auf die Pariser Weltausstellung. Darüber wurde nur geflüstert.

Großmutters Tod

Sie starb still, unbemerkt und gleichsam nach Fahrplan: als hielte sie irgendeine Frist ein.
So verläßt nachts, von stillem Rauch umhüllt, ein Zug den Bahnhof. Die Bahnsteige sind leer. In den Fenstern der Waggons brennt kein Licht.
Der alte Doktor, der ganz in der Nähe in der Znamenskaja-Straße wohnte, kam ab und zu vorbei und bekam dafür einen dicken runden weißen Rubel und einen Seufzer. Rubel und Doktor waren in diesem Haus fest miteinander verbunden. Bei reichen Leuten kostet ein Arztbesuch vielleicht drei Rubel, aber für Großmutter waren ein Einrubelstück und der Doktor so fest miteinander verbunden wie eine Dreikopekenmünze mit einer Semmel in der Bäckerei.
Der Doktor kam und fühlte den Puls. Er hob Großmutters schwere Lider an, blickte in die eingefallenen Augen. Die Pupillen der Greisin waren unbeweglich.
Die Verstorbene lag da, den kleinen Kopf auf dem langen Hals zurückgebogen.

»Ich stelle den Totenschein aus und bin nach der zweiten Visite wieder da.«

Alles ist gerüstet fürs Begräbnis: das Leichentuch, das Totenhemd, ein Paar weiße Schuhe, ein Kranz aus Papierblumen mit einem Gebet dran – alles längst vergilbt.

Großmutter wurde angezogen, aufgebahrt.

Die eine Schwester ist zur Arbeit gegangen, die andere macht Einkäufe für den Leichenschmaus.

Die Treppe ist dunkel, die steinernen Stufen lagen auf schrägen Bögen. Schritte auf jener Treppe waren laut vernehmlich.

Die steinernen Stufen hinauf kam der Doktor, wissend daß er der alten Frau seine letzte Visite macht.

Die Türklingel bestand damals aus einer Schelle. Man zerrte, um zu klingeln, an einem in Kupfer gefaßten Holzgriff.

Der Arzt schellte einmal, zweimal ... Die alte Frau lag da. Ihr Kopf war festgebunden, damit der Kiefer nicht herunterfällt; sie lag ordnungsgemäß hergerichtet da.

Auf die Augen hatte man alte Fünfkopekenmünzen gelegt, damit die Lider in geschlossenem Zustand erstarren.

Sie lag still da, so in den Tod übergegangen, wie die Dämmerung in die Nacht übergeht.

Ihr Leben lang hatte sie die Tür immer selber aufgemacht.

In der leeren Wohnung wurde geschellt, geschellt. Das Gehirn war offenbar noch nicht ganz gestorben, es hatte sich daran gewöhnt, ohne Atmung auszukommen, so wie überwinternde Bienen fast nicht atmen.

Großmutter richtete sich auf ihrem Totenlager auf, setzte die Füße in den ausgetrockneten Totenschuhen auf den Fußboden, stand auf, ging zur Tür, öffnete sie.

Beim Anblick der Verstorbenen stürzte der Doktor zu Boden: er hatte ein krankes Herz. Großmutter beugte sich über ihn, um ihn wieder zur Besinnung zu bringen. Er öffnete die Augen und verlor sofort das eben erst wiedererlangte Bewußtsein aufs neue, als er die über ihn gebeugte Tote sah.

Tante Šura kam heim. Sie erschrak weniger, denn sie mußte sich um den Doktor kümmern.

Großmutter lebte daraufhin noch sechs Jahre. Sie wusch, kehrte die Wohnung und starb ein halbes Jahr vor der Revolution in der festen Überzeugung, daß in ihrem Leben nichts Bemerkenswertes oder auch bloß Überflüssiges geschehen war.

Diesen Vorfall erzählte ich einmal Sergej Ėjzenštejn. Er hat daraus die Geschichte des wiederauferstehenden Ivan gemacht, mit dem Unterschied, daß Ivan sich als ein guter Mensch zum Sterben legte und als der Schreckliche auferstand, während meine Großmutter sich bei ihrer Auferstehung keineswegs veränderte, ja nicht einmal merkte, daß ihr immerhin nun doch etwas Ungewöhnliches zugestoßen war.

Wir wollen diesen Vorfall nicht zu weit zurückdatieren. Der Doktor, der sich damals über Großmutter neigte, lebt noch in Leningrad, wenn auch nicht mehr als praktizierender Arzt. Er spaziert über den Nevskij-Prospekt und macht sogar Einkäufe; er ist alt und hager, aber er liest noch die Zeitung. Seinen Familiennamen lasse ich unerwähnt, damit er sich nicht aufregt. Für alte Leute ist Aufregung schädlich – und Auferstehungen sind ein seltenes Phänomen.

Mein Vater

Mein Vater, Boris Vladimirovič Šklovskij, Mathematiklehrer für Kreisschulen, später Lehrer an der Artillerie-Hochschule, war getaufter Jude. Er liebte sehr die Kinematographie und besuchte sonntags zwei Vorstellungen: die Morgenvorstellung und die Abendvorstellung.

Vater wurde im Jahre 1863 in Elizavetgrad geboren, einer gar nicht so kleinen, aber sehr staubigen Stadt, die nur im Frühling poetisch ist, wenn die hohen weißen Akazien blühen. Die Stadt hatte sechzigtausend Einwohner, sie hatte Mühlen, Weinbrennereien, eine Fabrik für landwirtschaftliche Maschinen sowie vier Jahrmärkte.

Elizavetgrad lag inmitten von Weizenfeldern, am von Bazarabfällen verschandelten Oberlauf des Ingul. Gehandelt wurde mit Korn und Wolle. Die Steppe ist dort ringsum so weit, daß ich schon im zwanzigsten Jahrhundert, vor etwa dreißig Jahren, mit eigenen Augen sah, wie sich die Kolonne eines internationalen Autorennens darin verirrte. Weizenfelder, Melonenfelder, der Weg ist mit Stroh übersät wie die Milchstraße mit Sternen – und bis zum Horizont nicht ein einziger Mensch.

Die Straßen in Elizavetgrad sind staubig, an ihnen stehen zwei- und dreistöckige Häuser, aber auch viele Bauernkaten. Die gerodeten Ödflächen zwischen den Katen zeigten an, daß hier eine Stadt ist, und diese Ödfläche war zugleich die Straße. Auf einer dieser Straßen lebte mein Großvater väterlicherseits: als Wachmann eines Holzmagazins. Großvaters vierzehn Kinder hatte Großmutter in drei Abteilungen aufgeteilt. Ein Drittel aß, das zweite lernte, das dritte ging spazieren.

Die Blütenblätter der weißen Akazie fielen dreimal am Tag auf den traditionellen Hering. Die Mädchen wuchsen auf. Man verheiratete sie in benachbarte Familien.

Die Knaben besuchten eine russische Schule. Vater beendete eine Realschule, fuhr nach Petersburg, schrieb sich am Technologischen Institut ein, heiratete und zeugte einen Sohn. Seine erste Frau verließ ihn mit einem seiner Studienfreunde.

Vater wechselte ins Forstinstitut über, ließ sich taufen, schrieb keine Briefe mehr nach Elizavetgrad, sah weder Frau noch Sohn und verfiel in Schwermut. Er beschaffte sich einen Dolch, befestigte dessen Griff in einem Baumstumpf und stürzte sich in den Dolch. Der Dolch durchbohrte die Brust, ging aber am Herzen vorbei.
Vater gesundete wieder. Seinen ältesten Sohn, Evgenij, sah er danach nur sehr selten. Das war ein hochbegabter Mann, er absolvierte zunächst das Konservatorium, verfaßte Revolutionslieder, kam in die Verbannung und ins Exil, war Kommunist; er floh aus der Verbannung nach Paris, absolvierte dort das Architektur-Institut, kehrte als Amnestierter nach Rußland zurück, studierte Medizin und wurde Chirurg.
Im Krieg 1914 diente er als Arzt bei der Artillerie. Er war der einzige Mensch, der daran dachte, einen Plan der Festung Przemyšl anzulegen, als sie in russische Hand fiel. Die Vorsorge lohnte sich, denn wir mußten die Festung wieder räumen und konnten den Plan bei der Beschießung gut gebrauchen.
Die Weißen töteten ihn in der Gegend von Charkov. Sie überfielen einen roten Sanitätszug. Evgenij Borisovič nahm die Verwundeten in Schutz und wurde mit dem Bajonett erstochen.
Vaters zweite Frau war meine Mutter, Varvara Bundel. Sie wuchs nicht im Elternhaus auf, sondern im Hause des Leiters der Dampfwäscherei Karos, als Pflegetochter. Hier brachte man ihr das Klavierspiel sowie einige Fertigkeiten im Haushalt bei.
Sie überwarf sich mit dem Hause Karos und ging fort, und da sie eine Stimme hatte, einen tiefen Alt, ging sie in einen Chor und sang in einem Tingeltangel, in den gleichen Räumen, wo sich heute die Filmfabrik *Lenfilm* befindet.

Großvater wollte, daß Nadja, eine seiner jüngeren Töchter, das Hauslehrerinnen-Examen macht. Auf eine Anzeige hin sprach mein Vater als Repetitor vor.
Er kam in einen Plaid gehüllt: langhaarig, von kleinem Wuchs, in hohen Schaftstiefeln mit hohen Absätzen.
Vater mißfiel in Großvaters Haus wegen seines niedrigen Wuchses, seiner rauhen Art und seiner langen Haare.
Doch er wurde als Repetitor eingestellt. Eines Tages fuhr er mit meiner Mutter Varvara Bundel in einer Jolle über die Neva. Er begleitete sie zum Friedhof von Ochta, führte mit ihr beiläufige Gespräche, trug ihren Schirm. Plötzlich bohrte er den Schirm in die Erde, sah seine Begleiterin mit großen grauen Augen an und sagte:
»Wollen Sie meine Frau werden?«
Varvara Bundel erwiderte Boris Šklovskij, dem Studenten und getauften Juden:
»Ich bin nicht in Sie verliebt.«
Dann fügte sie warnend hinzu, daß es keine Mitgift geben werde.
Man ging heim. Mutter sagte Großvater, sie hätte einen Antrag bekommen.
Karl Ivanovič sagte unwillig und gleichsam uninteressiert:
»Wer ist er, woher kommt er: wir wissen es nicht. Es ist deine Sache, ich rate dir ab.«
So hat es mir Mutter oftmals erzählt.
Varvara Bundel und Boris Šklovskij gingen die Ehe ein.
Nicht so bald gewannen sie sich lieb; erst viel später gestanden sie sich ihre Liebe ein: etwa nach dreißig Jahren.
Wenn Vater eine Sache getan und für gewöhnlich verwirrt hatte, kam er immer zu Mutter und erzählte es ihr. Sie erwiderte, man hätte alles genau umgekehrt machen müssen.

Er war dann beleidigt und ging fort.
Beide hatten recht. Nach Vaters oder nach Mutters Methode: die Sache ging sowieso schief.
Er gab das Studium mit dem Grad eines Lehrers für Kreisschulen auf. Er eröffnete eine Vierklassenschule. Er verdiente schlecht. Mutter wirtschaftete gut, aber das Geld reichte nie: bei vier lebenden Kindern.
Mein Vater war ein begabter und wirrer Mensch, naiv, jeden Wissensstoff verstand er gut zu systematisieren. Er war mit ganzem Herzen Lehrer und konnte Tag und Nacht arbeiten.
Noch heute begegne ich manchmal Leuten, die seine Schüler waren. Sie reden von ihm mit Zärtlichkeit.
Als die Revolution ausbrach, wurde Vaters Schule geschlossen. Vater heizte die Öfen lange mit Schulbänken, die er eigenhändig zu Kleinholz gemacht hatte. Ich half ihm dabei. Die leeren Klassenräume verwandelten sich in kalte Höhlen.
Vor Kälte wirkt ein Raum stets groß.
Vater lebte vom Verkauf unserer Sachen. Eilig und beinahe freudig brach er sein altes Haus ab.
Mutter schneiderte ihm auf seine Bitte hin aus der braunen Jute-Portiere mit Blumen und Löwentatzen ein Paar Hosen und eine Tolstoj-Jacke.
Vater ging als Lehrer an die Artillerieschule. Er war zufrieden mit seinen neuen Schülern, mit der neuen Zeit, damit, daß ihn die Absolventen am Ende des Lehrjahres in allen Ehren auf dem Stuhl aus dem Vorlesungsraum trugen. Er war zwar schon alt, aber ein guter Lehrer. Man liebte ihn. Ich will mir seine Worte ins Gedächtnis rufen. Er sagte, Lernen sei ganz leicht, man dürfe sich nur nicht anspannen.
»Hauptsache: sich keine Mühe geben.«
Arbeit und Entbehrungen ertrug er leicht. Er ging durch

Petersburg in einer Budënnyj-Mütze, die sein graues Haar bedeckte, und in einem Uniformmantel.
Als die Artillerieschule in den Rang einer Akademie erhoben wurde, erinnerte man Vater daran, daß er kein Diplom besaß. Daraufhin begab er sich in die Pädagogische Akademie, in die Mathematische Abteilung.
Auf einem Stuhl knieend, die Ellbogen auf einen Tisch gestützt, las er bis zum Morgen litographierte Vorlesungstexte.
Das Examen wurde bestanden.
Daraufhin lebte er noch glücklich und kurz.
Die Straßenbahn durch die Bassejnaja-Straße hielt immer vor der Nadeždinskaja-Straße. An der gleichen Stelle hatte früher die Pferdebahn gehalten.
Die Haltestelle wurde verlegt. Vater ging über die Straße – er wußte, daß die Bahn anhalten muß – und kam unter die Räder.
Er starb im Krankenhaus. Mutter wachte am Sterbebett. Vor dem Tod sagte er in abgerissenen Sätzen, wie sehr er sie liebt, und küßte die Hände der alten Frau.
Die nicht benannte Liebe konnte sich nicht in Worten gefühlvoller Lieder äußern – und andere Worte kannte er nicht.
Der Feuerschein der Poesie stand nicht für jedermann über der Stadt.
Die Menschen schwiegen. Sie konnten schweigen und schweigend arbeiten.
Auch der alte Mann konnte arbeiten.
Als er gestorben war, kam der Arzt nach der Autopsie mit brennenden Augen auf meine Mutter zu und sprach, sei es von der Verwunderung getrieben, sei es, weil er in der Klinik nur professionell reden konnte:
»Ein verblüffender Fall: Ihr Mann hatte in seinem Alter noch keine Gehirnsklerose.«

Mutter

Noch als grauhaarige und alte Frau lehnte sich Mutter, auf einem Stuhl sitzend, nicht an.
Erst in hohem Alter kam sie in einen Sessel zu sitzen. Sie schlummerte, den Kopf an der Lehne; ihre Senilität machte sich bemerkbar.
In ihrer Jugend verbrachte sie fast die ganze Zeit zu Hause. Ins Theater ging man nur selten. Die Savina vom *Aleksandrinskij*-Theater mochte sie nicht sehr, dagegen liebte sie die Ermolova. Sie schwärmte fürs Melodram. Sie hat mir selber erzählt, wie sie mehrmals während der Vorstellung aus dem Saal zur Bühne hinaufrief und den Helden Ratschläge erteilte, wie sie sich vor dem Bösewicht retten können.
An einen dieser Rufe erinnere ich mich. Gespielt wurde das Melodram *Zwei Waisen*. Mutter rief den Mädchen zu, denen das Verderben drohte:
»Durchs Fenster! Durchs Fenster!«
Für Literatur interessierte man sich in der Familie nicht. Mutter las die gelben Hefte, die es als Beilage zur Zeitschrift *Niva* gab, sie schnitt die Seiten mit der Haarnadel auf. Die dicke *Niva*, deren Titelbuchstaben aus einem zerknüllten Streifen Papier gemacht zu sein schienen, lag bei uns in einem rotgoldenen abgeschabten Einband auf dem Tisch. Das waren frühere Jahrgänge.
Die letzten Seiten der Zeitschrift brachten kleine Zeichnungen, die einen unlängst gekenterten Panzerkreuzer darstellten, ein noch nicht gestartetes Flugzeug sowie etliche berühmte Herrschaften und Generale.
Wir wußten nicht, daß in Afrika der Kampf der ausgewanderten indischen Arbeiter gegen die Engländer beginnt, daß Tolstoj an einem Brief an einen unbekannten jungen Inder namens Gandhi schreibt, um ihn im Widerstand

gegen die Engländer durch Befehlsverweigerung zu unterweisen.

Wir wußten nicht, daß sich Tolstoj in seinem Tagebuch sehr wegen dieses Briefes erregte. Er erkannte die Bedeutung jenes Entschlusses und fand ihn nichtzuende gedacht.

Allmählich änderte sich die Zeit, die Luft wurde durchsichtig, aus unbekannten Ländern trafen Telegramme ein, ferne Kontinente wuchsen näherkommend an, Reisebücher wurden zu Lieblingsbüchern.

Die Buren kannte ein jeder.

Der Zylinder des Präsidenten Krüger war ein vertrauter Gegenstand, noch heute kenne ich den Namen des Burengenerals Dewet und würde ihn auf einem Bild sofort erkennen.

Man begriff, daß die Engländer in Afrika ein Bauernvolk beleidigen, aber das Volk hat Gewehre und schießt zurück.

Die Straße sang das Lied:

> Transvaal, Transvaal, mein Heimatland!
> Ganz stehst du in Flammen.

Dieses Lied bevölkerte die dunklen Höfe und wurde nicht vergessen. In den Jahren der Revolution erstand es wieder auf und fand Eingang in Majakovskijs Verse.

Wieder fällt mir eine Zeile ein:

> Und der jüngste Sohn von fünfzehn Jahren
> Bat, in den Krieg ziehen zu dürfen ...

Das alte Lied starb und leuchtete vor seinem Ende noch einmal auf.

Bei uns daheim gab es viel Noten: lauter Romanzen. Diese Lieder sind vorbei, sie haben sich verbraucht; sie waren sehr einfach, in ihnen wurden vermeintlich poetische Gegenstände, Gefühle, Landschaften aufgezählt; die Gegenstände wurden nicht beschrieben, sondern genannt. Menschen, die keine andere Kunst besaßen, weinten zu ihrer Musik.

Mutter singt; sie sitzt auf dem runden Klavierschemel vor dem Flügel.

Gemütliche, in dicken Filz wie in Filzstiefel gehüllte kleine Hämmer schlagen auf die dicken Saiten.

O ihr Romanzen! Als das flache und lauwarme Wasser der niedrigen Uferwelle umgabt ihr das arme unsangbare Leben, lagt auf dem abgeschabten Fußboden neben den drei Kupferrädchen des Klaviers, deren Dreieck die Präsenz der Kunst in der Wohnung bezeichnete.

Romanzen sangen auch die unlängst geborenen lautkehligen Grammophone, die, den dünnen Hals zurückgeworfen, den Mund weit öffneten, als wollten sie ihre rote Blechkehle dem Arzt zeigen.

Das von russischen Dichtern, großen und kleinen, geschaffene Zigeunerlied sang von einfachen Dingen: vom Weg, von Lichtern am Weg, vom armen Husaren.

Im Hause von Sofja Andreevna Tolstaja, einer Enkelin des Schriftstellers, hörte ich einmal einige alte Zigeuner, die noch Tolstoj vorgesungen hatten; jetzt führten sie ihre Kunst mißtrauisch dem flachshaarigen, bleichen Sergej Esenin vor.

Die Schalldeckel der Gitarren, ihre Griffbretter waren abgeschabt durch die Berührung der Hände, als hätte die Trostlosigkeit der Klänge das Holz einschrumpfen lassen.

Das schlichte Recht, die Liebe und den Schmerz auszusprechen, wurde zum zerrupften Gitarrenklang eingelöst.

In der Wohnung an der Nadeždinskaja-Straße lebte man still. Leise sang man alte Lieder.

Jenes Lied, das Maksim in allen drei Folgen des gleichnamigen Films singt, hat zum Verfasser den General Titov, Kommandeur des Finnländischen Regiments, den Vorgesetzten des Malers Fedotov. Bei Titov freilich heißt es:

Es kreist, es dreht sich
der blaue Schal ...

Das ist Wind, eine windumwehte Frau. Die Straße hat den Text leicht verändert:

Es kreist, es dreht sich
die blaue Kugel ...

Auch das ist nicht schlecht: die Kugel möchte sich drehen.
Im Zimmer ist es kalt. Der Flügel spiegelt sich im schmalen Spiegel, der über dem ärmlichen Kamin hängt. Er spiegelt sich auf dem abgewetzten Parkett.
Ich sitze Mutter zu Füßen und sehe den gelben Schalldeckel des Flügels von unten.
Die Lieder sind zu einem zerschlissenen Buch gebunden, sie sind selbst zerschlissen und wiegen sich leicht wie abgenutztes Wechselgeld.
Doch die Musik fließt dahin, schäumt in halbverständlichen Worten auf, fällt in sich zusammen.
Später sah ich am Meer schmutzigen Schaum, sah das reine Meerwasser nach dem Sturm. Ich erfuhr, daß man das Wasser absichtlich trübt, um es zu reinigen: der Bodensatz bleibt im Schaum.
Der Schaum spült sogar kleine Metallteile aus gematztem Erz hervor. Man nennt das Flotation.
Das Klavier singt:

Es jagt die verwegene Trojka dahin,
Die Landstraße entlang,
Und das Glöckchen, Geschenk des Valdaj,
Klingt trostlos unter der Deichsel.

Wie verschlissen ist das doch! Dabei hat es Fëdor Glinka

geschrieben, ein Mann mit einer großen Biographie und einem schweren Schicksal.
Das Klavier singt:

Die Trojka jagt, die Trojka galoppiert,
Der Staub wirbelt unter den Hufen empor;
Das Glöckchen weint klingend,
Und es lacht, und es quietscht.

Das ist Vjazemskij.

Mein Lagerfeuer leuchtet im Nebel.

Das ist Polonskij.

Es strahlte die Nacht. Der Mond füllte den Garten. Es lagen
Die Strahlen zu unseren Füßen im unbeleuchteten Salon.
Der Flügel war ganz geöffnet, die Saiten in ihm vibrierten,
Wie unsere Herzen bei deinem Lied.

Das ist Fet.
Das sang Tatjana Bers im Salon Lev Nikolaevič Tolstojs.
Die Poesie der Romanzen ist trübe, aber sie nährt sich aus der großen Poesie: so wie Goldfelder bei der Auswaschung goldhaltiger Adern entstehen.
Die Romanze ist eine schlechte Wiederholung dessen, was einst gut gesungen wurde, doch das Wasser der kleinbürgerlichen Poesie – klärt sich in seiner Strömung. Der gelbe Schaum wird den Bodensatz ans Ufer bringen, das Dröhnen des nun gereinigten Herzens wird eine neue Dichtung gebären.
In Bloks Dichtung reinigte sich, vom Feuer geläutert, die Zigeunerromanze. Die Poesie kommt zur Welt, verflacht und wird wieder rein.
Das Einfache bleibt im Gedächtnis. Mir ist, als hätte ich gestern erst Kozlovskij gehört: die Stimme des Engels, der sich nach Poltava sehnt.
Ich hörte Kozlovskijs Stimme über dem Grab von Alek-

sandr Dovženko und sah, wie die Kunst, indem sie eine Brücke vom gegenwärtigen zum gewesenen Leid baut, das überlebt Scheinende lebendig macht.

Glauben wir dem Einfachen, denn aus ihm wird, wenn es Spannung bekommt, das Große. Zu Beginn unseres Jahrhunderts, am Ufer der kleinen, Ozerki genannten Teiche, bei den spärlichen Kiefern, am Steilhang des Friedhofs belebten sich die Worte jener Lieder in den Versen Aleksandr Bloks.

Die alte Romanze erstand in Šostakovičs Oper *Lady Macbeth von Mcensk* wieder auf. Das Chaos der Gefühle verwandelt sich darin in Musik.

Rauhe Menschen erkennen manchmal nicht die Stimme ihrer Zeit. Das Echo bringt sie ihnen erhabener zurück.

Die Zeit, die ich beschreibe, war noch nicht die Zeit der *Vergeltung*, die Romanze hinkte mit einfältigen Worten die alten bunten Wege der Tasten entlang.

Im kalten leeren Saal, bei sieben alten handfesten Grad Réaumur, sang Mutter abends am Klavier und weinte. Mutter sang selten: sie mußte einen großen Haushalt führen.

Das Haar auf Mutters Kopf ist steil nach oben gekämmt. Der schwarze Rock bedeckt die Füße, die auf den Kupferpedalen des Klaviers liegen.

Mutter singt mit tiefem Alt:

> Überleb mich, meine Freundin,
> Aber werde meinem Andenken nicht untreu –
> Und sing als sanfte Greisin die Lieder des Freundes
> Leise am Kamin ...

Heute weiß ich, daß das ein Gedicht von Béranger war, *Die Greisin*, ich glaube in der Übersetzung von Kuročkin.

Gesungen wurde eine gekürzte Fassung. Die Verse waren zurechtgestutzt, wie man sie für Romanzen zurechtstutzt.

Die Freundin des Dichters entsinnt sich als Greisin bloß der Liebe und der sanften Worte:

Wie er, in Liebe zu dir, meine Freundin,
Dir Lieder sang: das alles richte ihnen aus ...

Fortgefallen waren die Zeilen über das große Leben jenseits der Stubenwände:

Zusammen mit mir hast du Frankreich beweint,
Sag denen, die uns nachfolgen,
Dein Freund hat an heiteren Tagen wie im Gewitter
Seinem Lande sein Lächeln, seinen Gruß gesandt.

Ein langanhaltender, mächtiger, von vielen noch nicht wahrgenommener Sturm fegte mit wachsender Windstärke über Petersburg hinweg, schob die Schneewehen hin und her, machte die Kreuzungen unpassierbar.
Der Sturm raste über die Neva, über die rote ziegelsteinerne Vyborgskaja Storona, über die Fabriken, die sich längs des nicht in Stein gefaßten Flachufers an der Schlüsselburger Chaussee hinzogen.
Dorthin verkehrte eine stumpfnäsige Dampfmaschine, an die eine klirrende Pferdebahn angehängt war. Dorther kam manchmal eine schwarze Menschenmenge, die die ganze Breite der Straße einnahm. Großmutter flüsterte:
»Die Fabrikarbeiter!«
Einmal war ich auf dem Schloßplatz. Der Schatten des Engels, der oben auf der rosafarbenen Säule steht, ist auf dem Straßenpflaster abgedruckt: dort wo die Häuser an der Mojkabrücke auseinandertreten.
Neben der Säule stand ein alter bärtiger Mann mit einem Gewehr. Auf dem Kopf hatte er eine graue Bärenfellmütze, groß wie ein Muff.
Über den Platz gingen mit fremdartigem Schritt fremde Matrosen in Mützen mit Quasten und ohne Bänder.

Die Militärkapellen spielten überall die uns unbekannte *Marseillaise.*
Das ist das russisch-französische Bündnis.
Unbekannte Musik, ganz und gar keine Romanze.

Der blaue Kegel

Es ist schwer, seine Kindheit zu verlassen.
Es ist so, als wäre man in seine alte Wohnung zurückgekommen. Man sieht die vertrauten altersbraunen Tapeten, den Stuck mit der stellenweise entblößten Holzwand, den bekannten Ofen in der Ecke: rund, die Ofentür nicht gestrichen. Möbel sind nicht da, aufs Fensterbrett möchte man sich nicht setzen, aber man zögert zu gehen. Leben kann man hier nicht, aber wie und mit welchem Transportmittel kann man aus dem Gewesenen wegfahren?
Über den Nevskij-Prospekt verkehrten einst Pferdebahnen. Der Kutscher saß vorne auf dem Deck, das heißt: auf dem Dach, und lenkte die Pferde mit langen Zügeln. Wieviel Pferde eingespannt waren, weiß ich nicht mehr. Der zweistöckige Wagen rollte flott über das Holzpflaster.
Ich erinnere mich an den Nevskij-Prospekt, vom Dach der Pferdebahn aus gesehen. Ich sehe den Gostinyj Dvor mit den niedrigen tiefen Bögen, sehe die Öffentliche Bibliothek. An der halbrunden Mauer zwischen den Säulen stehen mir unbekannte, seltsam gekleidete Steinmenschen, die ihre Steinfinger seltsam in die Höhe halten. Sie scheinen in irgendein Selbstgespräch vertieft zu sein.
Ich erinnere mich an den Burenkrieg – den Beginn des zwanzigsten Jahrhunderts. An die Bilder in Zeitungen und Zeitschriften, die die Zukunft voraussagten: eine Zukunft, die der dann später eingetretenen verblüffend wenig

ähnelte. Man träumte damals von Vogel- oder Libellenflügeln, von Luftballons mit flachen Spaten, die an den Enden eines rotierenden Stabes befestigt waren.
Einstweilen glitten die Schlittendroschken im Winter in bescheidener Stille dahin. Es klingelten die Pferdebahnen. Abgerissen und hochmütig riefen die Kutscher der reichen Leute. Blaue Netze bedeckten die Hinterteile der Pferde und zogen sich bis zur Biegung des Vordergestells hin, damit kein Schneeklumpen die Fahrgäste trifft.
Die Kutscher, riesenhaft, dickärschig, hielten die Arme mit den Zügeln so, als wären sie ganz aus Bronze gegossen oder zumindest fest mit Werg ausgestopft.
Dann kamen die Luxusfiaker auf. In den Deichseln brannte eine kleine elektrische Lampe: sie vereinigte die Pferdeschnauze und den sich im Frost verdichtenden Atem der Pferde zu einem großen gleißenden Fleck.
Dieser Lichtkreis blieb im Gedächtnis haften, weil er Eingang in Bloks Verse fand.
Die Zukunft nahte in Gestalt der Automobile, des Radios, der Luftballons, der sprechenden Maschinen, der kenternden Panzerkreuzer, der noch nicht recht flüggen Flugzeuge alias Aeroplane. – Das alles war noch außerstande loszuschwimmen und loszurollen, es war der Sprache noch nicht mächtig. Aber schon posierte es vor dem Photographen.
Hinüber zur Peterburgskaja Storona, direkt Richtung Kamennoostrovskij, wurde eine steinerne Brücke gebaut. Die alte stand flußabwärts und führte zur Peter-Pauls-Festung.
Im Aleksandrovskij Sad, der durch Mineralwasser-Anstalt und Zoo eingeengt war, errichtete die Gesellschaft zur Förderung der Nüchternheit im Volk ein auf den Namen Nikolaus II. getauftes »Volkshaus«: ein Eisengerüst auf Steinfundament mit einer hohen Glaskuppel und durchbrochenen Trägersäulen.

Eine ungeschlachte schief genietete Räumlichkeit aus Eisen. »Volkstümlich«, à la Mužik verkleidete Clowns auf der beleuchteten Bühne rufen mit unnatürlichen Stimmen etwas aus, versuchen den ihnen inadäquaten Raum zu füllen.

Dann erlosch das gelbe Licht, und aus der Rückwand des Saales wuchs der summende Kegel eines anderen, eines blauen Lichtes hervor.

Darin schwamm etwas Trübes. Dann begannen sich auf der simplen Leinwand riesengroße Menschen zu bewegen, es waren Kinder in sehr unkindlichen gestreiften Flanellhemden. Sie rannten um ihre Betten herum, lieferten sich eine Kissenschlacht, ließen den Flaum hochfliegen. Dann liefen sie direkt auf mich zu, wuchsen, wie Schnellzüge.

Es summte der blaue Kegel.

Die Zukunft lief auf mich zu.

Die Stadt veränderte sich, hohe Häuser mit Türmchen wuchsen aus dem Boden. Auf vielen Straßen wuchsen die Mietshäuser des reichen Hausbesitzers Radko-Rožnov. Die Toreinfahrten waren in jenen Häusern drei Stockwerke hoch, der elektrisch beleuchtete Hof gewann den Anblick einer menschenleeren Straße.

Petersburg veränderte sich rasch, wie der auf der Leinwand näherkommende Zug.

In leerstehenden Ladenräumen auf stillen Straßen stellten sich kleine Cinématographen ein, in denen es unaufhörlich klingelte: zum Zeichen, daß die Vorstellung beginnt. In Wirklichkeit konnte man dort zu jeder Zeit ein- und ausgehen, und jedermann bekam ein Ehrenbillett zum halben Preis.

Mit elf Jahren besaß ich ein Ehrenbillett für das Kino Ecke Bassejnaja und Nadeždinskaja.

Ich erinnere mich an eine Feerie in Farben. Der Streifen war handgemalt. Ein Teufel tanzte mit zwei Frauen, die

bloß ein Trikot anhatten. Er packte die Frauen, knetete sie, warf sie ins Feuer.
Hier fühlte ich ein neues Verlangen voraus.
Auch diese Vorstellung begann allmählich.
Die Klingel an der Straßenecke ließ ein dünnes, ununterbrochenes elektrisches Klingeln vernehmen.

Ich beginne zu lernen

Man lebt ununterbrochen: das Vergangene schwindet nicht, du bist der, der du warst, und zugleich ein anderer. Es entsinnt sich leicht, was für Füße man mit drei Jahren hatte, welche Knöpfschuhchen man trug, ich erinnere mich noch, wie ich sie zuhakte, ich spüre den Druck des Hakens gegen den Fuß. Noch heute erinnere ich mich, wie sehr es einen kränkt, wenn man von hinten an den Höschen gezupft wird.
Das hieß: den Anzug in Ordnung bringen.
Ich dachte: bin ich erst erwachsen, wird sich das niemand mehr mit mir erlauben.
Hast du das geschafft?
Ich lernte, meine weichen Stiefelchen selber anzuziehen. Zuerst verwechselte ich den linken und den rechten, dann lernte ich sie unterscheiden, aber ich erinnere mich an die Empfindung des Druckes am großen Zeh, wenn es der falsche Schuh war.
Noch lange danach lächelte ich, wenn ich die Schuhe richtig anzog.
Die Examina beginne ich mit siebzig allmählich zu vergessen, früher hatte ich lange Träume, die stets mit »Nicht bestanden« endeten.
Ich lernte schlecht. Zunächst sollte ich die Dritte Realschule am Griechischen Prospekt besuchen, ein großes Ge-

bäude, das an den Prospekt und an jene zwei Straßen angrenzt, die in den Prospekt münden; alle drei Stockwerke mit großen Fenstern, überall breite Eichentüren.
Ich erinnere mich an die Aufnahmeprüfung. Leere Korridore, getäfelte Fußböden, leere Treppen. Auf den breiten Fensterbrettern stehen Blumen, die so sorgfältig gewaschen sind, daß sie aus jenen Kacheln zu bestehen scheinen, die auf dem gewaschenen und polierten, allerdings grünen Fußboden glänzen.
An den gelben Kleiderständern hängen stumm die Mäntel der Realschüler mit der gelben Borte. Hinter den Glastüren sitzen in gelben Schulbänken stumm viele Knaben. Die schweigsame Sonne scheint durch frisch geputzte Scheiben stumm auf die Quadrate des Kachelbodens.
In einer blauen Vizeuniform schlurft lautlos ein kleiner eisgrauer Greis den Gang entlang: Direktor Richter.
Ich schrieb schlecht, den kalten Federhalter zwischen den Fingern verkrampft. Ich ballte meine Hand um den Halter, direkt an der Feder. Auf der Feder stand die Zahl »86«.
Das ist eine harte Feder zwecks Übung in Schönschrift. Aber Schönschrift sollte ich nie erlernen. Ich entsinne mich eines Fünfkopekenhefts. Das war viel Geld, das Papier war gut. Auf dem blauen Umschlag steht das Wort »Gerbač« und daneben eine saubere, unnahbare Hand, die den Federhalter richtig zwischen den ausgestreckten Fingern hält.
Im Heftinneren folgten weiße Seiten und Buchstabenmuster, die, an schwarzen Doppellinien entlang, mit richtigem Druck, zwischen blaue Querlinien geschrieben waren. Gerbačs Wissenschaft war mir immer unzugänglich: ich habe nie gelernt, die Finger richtig auszustrecken.
Vor der Prüfung wusch man mir die Hände, der Zeigefinger wurde mit Zitrone und Schwarzbrotessenz gerie-

ben. Diese Essenz verwendete man sonst zum Putzen von Kupfergeschirr. Die Kochtöpfe wurden daraufhin rot und strahlten wie die Sonne.

Ich schrieb das Diktat mit Klecksen und Fehlern und fiel durch.

Ich gehe ohne zu zittern an der Akademie der Wissenschaften vorbei. Wenn ich am Gebäude der Dritten Realschule vorbeigehe, empfinde ich noch heute Ehrerbietung, seufze ich dem Unerreichten nach.

So war ich denn genötigt, die private Realschule Baginskijs zu besuchen.

Ein schwarzer Mantel, gelbe Kragenspiegel. Die Schule befand sich Ecke Nevskij-Prospekt und Ligovka. Aus dem Fenster des Klassenzimmers sah ich den Znamenskij-Platz von oben, umgrenzt von einem Zaun.

Es war Herbst. Das Gras hinter dem Zaun war gelb; neben der zugenagelten Bedürfnisanstalt ging eine Ziege spazieren.

Viele Jahre später legte man an diese Stelle einen schweren Granitbrocken. Viele Jahre später stemmte sich mit gespreizten Beinen ein bronzener Lastgaul gegen den Stein. Gespreizt waren nicht nur die Vorder-, sondern auch die Hinterbeine: ein mächtiges und großes Tier. Vermutlich hatte der Gaul etwas an den Nieren.

Den Gaul zügelte mit flacher gedunsener Hand, den Ellbogen an den Leib gepreßt, ein geradschultriger bärtiger Zar in einer Lammfellmütze ohne Schirm. Das Pferd schlug nicht aus, es stemmte die Stirn gegen etwas Unsichtbares.

Von hier aus ging eine Eisenbahn nach Moskau, von Moskau weiter über die Wolga quer durch Sibirien in den Fernen Osten.

Der Zar, dessen Hinterteil schwer auf dem Pferd lastete, schickte sich zu einer langen Reise an.

Man kaufte mir eine Jacke im zweiten Stock des Gostinyj Dvor, in einem ruhigen Laden, zu dem eine glitschige Steintreppe hinaufführte. Die Geschäfte im Erdgeschoß sind reich und belebt, die Buchstaben auf den gläsernen Firmenschildern sind goldumrandet.

Im zweiten Stock gibt es weder prächtig gekleidete Damen noch Offiziere. Die hier gekauften Jacken nutzten sich rasch ab und brachten die weißen Fäden ihrer baumwollenen Grundlage zum Vorschein.

In einem Straßenladen an der Ecke des Erdgeschosses kauften wir daraufhin einen glänzenden schwarzen Gürtel mit einer gelben Schnalle.

Der Mantel ist mir zu groß, er reicht bis zur Erde. Ich werde wachsen. In der dritten Klasse wird er mir passen. Was weiter würde, stellte ich mir nicht vor.

Ich stand jetzt immer früh morgens auf, im Winter war es noch dunkel. Man goß mir süßen Tee in eine flache Kölnischwasser-Flasche, gab mir einen aufgeschnittenen Wekken mit Wurst – das Frühstück.

Ich ging zur Schule, lernte soso lala, machte beim Diktat Grammatikfehler.

Die Datscha meiner Eltern

Die Bewohner von Petersburg lebten still dahin. Ihre Wünsche behielten sie für sich. Manche lebten so still, als lebten sie unter dem Schrank. Aber sie träumten von einem anderen Leben, von einem Haus, einer Datscha oder von zweihunderttausend Rubel Staatsanleihe. Bodenkauf war einfach, denn rund um Petersburg war viel leerer Raum. Ein Wechsel machte den Kauf möglich. Damit begann das Leben des unsterblichen und kummervollen Mikober aus dem *David Copperfield* von Dickens.

Die Schuldprozente nagten den Menschen kahl, wie die Ziege einen Baum.

Nahe Petersburg fließt der Fluß Sestra. Dort wo er in den Finnischen Meerbusen mündet, hatte der Wind Dünen angeweht. Sie liegen auf beiden Ufern des Flusses, den man einst als Grenze zwischen Rußland und dem Großfürstentum Finnland festgelegt hatte.

Auf der russischen Seite lag der Kurort Sestroreck mit einem Kursaal, unter dessen Kuppel sich die symphonische Musik ihr Nest baute.

Ebenfalls auf der kaiserlich russischen Seite stand auf einer hohen Düne eine Holzkirche mit angrenzendem Friedhof.

Das finnische Ufer des nicht sehr breiten Flusses besteht ebenfalls aus steilen, kiefernbewachsenen Dünen.

Der Sand schüttet die Kiefern zu. Denen wachsen frische Wipfel, die Zweige biegen sich wie abgebrochene Sprungfedern. Die Nadeln dieser Kiefern sind lang, bläulich.

Die Dünen ziehen sich in gewellten Ketten am Meer entlang. Zwischen ihnen liegen Sümpfe, in den Sümpfen wächst Entengrütze, quer durch die Entengrütze haben sich irgendwelche Fischlein ihren spaltförmigen Weg gebahnt.

Neben den Sümpfen wächst niedriges trockenes Kieferngehölz mit weißem Moos zwischen den Stämmen.

Vor etwa fünfzig Jahren war es hier wüst, dann baute man den kleinen Bahnhof Olillo. In der Nähe liegt Kuokalla, das heute Repino heißt.

Mein Vater kaufte ein ziemlich großes Grundstück am Meeresufer, natürlich auf Pump. Strand, Dünen, Sumpf, Kiefern, weißes Moos zwischen den Kiefern, ein Sandweg, der sich zum Meer hinzieht.

Wir errichten einen Zaun und legten, den Zaun entlang, einen Brettersteg an.

Wir verkauften unsere Bronze-Kandelaber und brachten

unsere Silberlöffel ins Pfandhaus. Auf der Datscha errichteten wir ein Tor, schrieben die Worte »Haus Erholung« über das Tor und nagelten das ovale Schild der Versicherungsgesellschaft *Rossija* an den Torpfosten. Und nahmen zwei Hypotheken auf. Die Zahlung der Prozente begann.

Im Herbst ist das Meer stürmisch, die Wellen erreichen die Düne, auf der Vater die Datscha bauen ließ.

Im Sommer ist das Meer still, die Wellen sind wie aus Wolle gewebt, der Sand zischt beim Aufnehmen des Schaums.

In der Ferne sind Forts zu sehen, wie eine Fata Morgana hängt Kronštadt über dem Wasser; dahinter glänzt blau die steile Kuppel der Andreas-Kathedrale.

Wir versuchten, auch im Winter in der Datscha zu leben.

In jenem Jahr war der Winter sehr kalt. Das Meer liegt da wie aufgebrochener Asphalt mit Streifen von Packeis. Weiter links rötet sich leicht der Himmel über Petersburg, wenn es auf den Abend zugeht.

Ich vergaß, daß es ja damals fast keinen Asphalt gab: dieser Vergleich ist dem Heute entnommen. Das Eis lag vielmehr da wie die aufgerissene Fettschicht auf der erkalteten Suppe.

Es ist so kalt, daß man jedes Kleidungsstück einzeln spürt. Auch in den Zimmern ist es kalt.

Wir zahlten die ganze Zeit Schulden ab. Wir kamen unter den Hammer: das ist die Haupterinnerung meiner Jugend. Als Kind besaß ich keine Schlittschuhe, vom Fahrrad ganz zu schweigen. Ich hatte keinen Photoapparat, ich hatte überhaupt nichts, obwohl man mir einmal Halteeisen für die Schlittschuhe Marke *Schneeflöckchen* auf die Absätze nagelte.

Meine Stiefel klapperten. Aber für Schlittschuhe reichte das Geld nicht.

Fleisch und Kartoffeln konnte man sich im Laden an-

schreiben lassen. Man durfte nur nicht hinsehen, welche Qualität man dafür bekam.
Mutter schraubte die Glühbirnen in der Wohnung aus und kehrte zum Petroleum zurück. Sie färbte das Tischtuch, das auf Vaters Tisch lag, und nähte sich daraus ein Kleid.
Es wurde gespart. Geld war einfach nicht da, die Sachen wurden wiederholt versteigert. Wenn man sie aus dem Haus trug, glaubte Mutter, die Welt sei untergegangen.
Wie geht so etwas vor? Ein Mensch will so sein »wie alle«, das heißt: nicht so, wie er ist. Er läßt sich einen Gehrock schneidern, aber einen Frack braucht er auch noch. Die Hose zum Gehrock nutzt sich ab. Der Mensch sieht sich genötigt, in Gehrock und Frackhose auszugehen. Der Frackhose tut das nicht gut, der Frack ist kein Frack mehr, er ist nicht mehr komplett, kein Leihhaus nimmt ihn an. Dabei ist er noch gar nicht abgezahlt.
Die Bitternis der Armut ist so gut dosiert, daß sie erst allmählich den Mund verbrennt.
Armut läßt sich hinter keiner Dekoration verstecken.
Der Mensch möchte reich werden, er unternimmt krampfhafte Anstrengungen, aber er muß sich schließlich davon überzeugen, daß die Armen nicht wohlhabend werden und es nicht einmal scheinen.
Mutter hatte nur mehr die Sorge, daß unser Elend unbemerkt bleibt. Es ist einfach kein Geld da, das muß vertuscht werden, das mergelt den Organismus aus wie ein Schnupfen.
Armut damals war ein Schnupfen mit tödlichem Ausgang.
Im Laden muß man oft zahlen, Bauholz kann man gegen Wechsel nach Monaten bezahlen.
Deshalb kann man, selbst wenn kein Geld fürs Mittagessen da ist, am Haus weiterbauen, Schlinge um Schlinge.

Im Spätsommer und Herbst setzte ich in den Flugsand entlang des endlosen Zauns, dessen Holzstruktur von der spärlich gestrichenen Farbe kaum verdeckt wurde, kleine Kiefern, die ich im Wald ausgegraben hatte.
Genau solche Kiefern pflanzte ich entlang des Weges, sie reichten mir, ich war damals zwölf, nicht ganz bis zur Schulter. Mein Bruder und ich brachten auf einem Tragbrett Lehm und Sumpferde herbei und pflanzten dahinein Bäumchen. Der Wind verwehte das Bäumchen, das in den unregelmäßigen, terrassenartigen Wellen der Sandwehen zu versinken schien; wir schaufelten es immer wieder frei.
Dann wurde die Datscha versteigert; dann wurde Finnland unabhängig; dann kamen die Kriege; dann wurde ich alt.
Vor einigen Jahren kam ich nach Solnečnoe, das einst Olillo hieß. Am Meer entlang verläuft eine Chaussee, die Straßen sind nicht mehr aus Sand, sondern aus Asphalt. Die alten Datschen sind teils abgebrannt, teils wurden sie zerlegt und abtransportiert. Im steinernen Fundament, eng eingezäunt, waren in quadratischen Beeten dicht gedrängte Kiefernschonungen emporgewachsen. Die Kirche auf den Dünen bei Sestroreck steht nicht mehr. Den Friedhof gibt es noch, dort ist Michail Zoščenko begraben.
Die Datscha, die ich suchte, war die vierte hinter dem Bach, aber Zäune waren nicht mehr da, und der Bach hatte offenbar sein Bett gewechselt.
Da sah ich die Kiefern. Sie zogen sich zum Meer hin. Sie hatten den Wuchs von Bäumen, die auf Dünen wachsen. Die sind knorrig, muskulös und eignen sich wohl kaum als Bauholz.
Sie waren vielleicht zwanzigmal größer als ich. Dabei hatte ich sie gepflanzt!
Das Meer war noch dasselbe: die Wellen legten sich aufs Ufer und zischten auf dem Sand.

Abends ging die Sonne unter. Von irgendwoher erklang Musik.

Wie schön war es hier im Frühling! Später erfuhr ich, daß hier eine der wichtigsten Vogelfluglinien vorbeizieht.

Weiße Nacht. Würde die Welle nicht schaukeln, wäre das Meer überhaupt nicht zu sehen. Über das Meer fliegen endlos Vogelschwärme nach Norden, knotigen Gittern gleich.

Die Vögel fliegen nach Norden, ihre Flügel bringen die Luft zum Schwingen. Alte kräftige Vögel und Jungvögel schlagen in einem Takt mit den Flügeln.

Sie fliegen einen Flug, sie halten sich in der gemeinsam aufgerüttelten durchsichtigen heimatlichen Luft des Nordens.

Die Himmelsröte wendet mit breitem Streifen langsam am Horizont, doch da steigt die Sonne auf, es beginnt eine neue herrliche Variante des unaufhörlichen Tages.

Drüben, hinter Repino, gibt es neue Datschen: Datschen aus Holz, die denen vor fünfzig Jahren ähneln, und Datschen aus Stein mit Säulen, die der Teufel weiß wie aussehen.

Von der Anhöhe sieht man unten das Meer.

Im Wald rauschen die Bäume in den noch nicht abtransportierten Hausfundamenten. Wieder werden Gräben geschaufelt, Zaunpfähle aufgestellt, obwohl keiner mehr diesen Unsinn still vor sich hin einhegen muß. Man soll nicht Kiefern roden, um Erdbeeren zu pflanzen.

Freunde, ich bin so wenig jung, daß mir die Höflichkeit abhanden gekommen ist.

Die neuen Datschen werden mit neuen Zäunen eingezäunt.

Ich sage euch, Freunde: die Zäune vermodern, die Häuser verschwinden oder besiedeln sich mit anderen Leuten; die Erdbeeren entarten. Die Bäume: die bleiben.

Das Meer bleibt, der Wellengang bleibt und der Heimflug der Vögel im Frühling.

Zurück zur Vergangenheit. Ich besuchte zunächst die Realschule am Nevskij-Prospekt, direkt am Bahnhof.
In den Zeitungen, die ich vor dem Schulweg, ohne sie zu entfalten, anschaute, waren Landkarten abgedruckt: ich prägte mir die Umrisse der Halbinsel Korea ein, die aus dem fernen Meer emporgeschwommen kam.
China ist fern, aber da gibt es noch irgendso eine Mandschurei; die gehört offenbar uns. Es wäre gut, die Kaffern und Abessinien zum Russischen Reich zu schlagen.
Die Zeitungen sagten das nicht, so sehr sie sich verplapperten.
Der russisch-japanische Krieg begann für mich damit, daß ich auf der Straße bunte Plakate sah, die in kleine Quadrate aufgeteilt waren. In die Quadrate waren russische Soldaten mit hohen Pelzmützen sowie kleine Japaner eingezeichnet. Außerdem standen dort in fetter Schrift die Verse von »Onkel Michej«.
Die Eisenbahnlinie nach Moskau war zweigleisig. Jenseits der Wolga wurde sie eingleisig.
Auf abgelegenen Bahnsteigen des Nikolaevskij-Bahnhofs wurden Menschen, denen man hohe Lammfellmützen aufgesetzt hatte, in Güterwaggons verladen. In der Stadt stimmte man ein neues Lied an. Die Männer sangen es mit hohen Frauenstimmen:

> Heute ist der letzte Tag,
> Daß, Freunde, ich mit Euch spazierengehe . . .

Die Militärzüge fuhren zehntausend Werst weit.
Damals war das nicht näher als heute bis zum Mond.
Wie schwer mir das Schreiben doch fällt! Unlängst schaute ich die *Moskovskie vedomosti* von vor 170 Jahren durch. Diese kleinformatige Zeitung brachte Neuig-

keiten aus Frankreich. Dort war Revolution, König Ludwig hatte dem Volk sein Wort verpfändet. Auf dem Platz, von dem das Volk die Trümmer der Bastille weggeräumt hat, wurde Voltaires Grab mit Blumen überschüttet. Der König floh, man fing ihn ein, richtete ihn. Die ausländischen Staaten bereiten einen Überfall auf Frankreich vor. Die französischen Farben haben gewechselt.

Ich las die fetten Lettern und wußte, wie es weiter geht. Jene Menschen, die damals weinten, kämpften, siegten oder sich verstellten, wußten nicht, was ihnen die kommende Stunde bringt.

Indem ich schreibe, weiß ich, was weiter sein wird. Erinnern will ich mich aber so, wie jener dicke Junge das Leben, daran hinaufblickend, sah.

Der Krieg begann mit einem Überfall der Japaner auf den Hafen von Port-Arthur, mit dem Untergang unserer Panzerkreuzer und mit dem Gefecht der *Varjag*.

Unseren Kreuzer *Varjag* und unser Kanonenboot *Koreec* wollten die Japaner bei Kriegsausbruch im Hafen von Čemulpo entern. Doch die beiden Schiffe liefen aus und lieferten den Japanern ein Gefecht.

Wir wuchsen in Petersburg auf. Diese Stadt war mit Wasser und Nebel, mit Palästen, Fabriken und Ruhm gefüllt.

Der Schloßplatz mit der Granitsäule in der Mitte war Anlegeplatz der Siege und der imperialen Macht.

Aus dem vierten Stock der Schule sah ich die Matrosen der *Varjag* marschieren: in Formation, aber nicht mit militärischem Schritt.

Bald stimmte die Straße das Lied an:

Auf Deck, Kameraden, alle an die Plätze,
Die letzte Parade bricht an . . .

Das blieb im Gedächtnis.
Dann begann man davon zu reden, die Japaner seien gut bewaffnet und gut versorgt. Sie haben Tornister aus Kalbsfell und Feldflaschen aus Aluminium. Wir haben stattdessen Säcke aus Tuch und Feldflaschen aus Holz.
An der Front ging es immer weiter zurück, auf der sibirischen Bahn rollten und rollten die Truppentransporte.
Schnee fiel auf Petersburg, es wurde still. Nur auf den Schlittschuhbahnen spielte man den Walzer *Auf den Hügeln der Mandschurei.*
Man sammelte warme Sachen für die Armee.
Sankt-Petersburg war Paraden und Aufmärsche gewöhnt. In den Kathedralen hängen lauter verstaubte schwedische, türkische, französische Fahnen.
Nun war das Land nicht nur in Not geraten, es war auch ruhmlos geworden.
Das Schweigen der Wohlgesinnten und Stillen war in Wirklichkeit Wahnsinn. Der Untergang der Aufbegehrenden, ihr Kampf war es, der zur Wahrheit des Jahrhunderts wurde.
Das Glockenspiel der Peter-Pauls-Festung mit der Melodie von *Ich bete an die Macht der Liebe* hatte sich nicht verändert. Nach wie vor wurde jeden Tag um zwölf Uhr mittags auf einer niedrigen Bastion über der Neva eine Kanone abgefeuert.
Nach wie vor schoß aus der Kanone lautlos ein kleiner weißer Ball und fand sogar noch Zeit anzuwachsen. Dann ertönte ein Knall, den nicht die Festung, von der er abprallte, hervorzubringen schien, sondern das Schloß gegenüber.
Der Schuß dieser Signalkanone bezeichnete jetzt den Anbruch einer neuen Zeit.
Wie bisher schlug man am Dreikönigstag vor dem Winterpalais ein Loch ins Eis der Neva, errichtete darüber einen

Baldachin und weihte das Wasser in Anwesenheit des Zaren. Wie bisher feuerten dazu die Kanonen. Aber einer der Bälle, der aus dem Rohr einer salutierenden Kanone sprang, erwies sich als der Rauch, der einen scharfen Schuß begleitet: die Festung schoß Schrapnell.
Zufälligerweise wurde ein Polizist namens Romanov getötet.
Ich habe diesen Vorfall nicht anhand von Zeitungen überprüft, aber so habe ich ihn in Erinnerung. Ich denke, der scharfe Schuß ging zufällig los. Die Verwechslung eines scharfen Geschosses mit einem Übungsgeschoß lag durchaus im Bereich des Möglichen. Damals wurde so manches verwechselt.
Von den fernen Stadträndern, von dort, wohin im Sommer Schleppkähne von der Gutuevskij-Insel die englische Kohle für die Fabriken brachten, aus den großen Fabriken, wo die Maschinen gegossen, gehobelt und gebaut wurden, aus den Fabriken, wo kräftige Fäden gesponnen, wo das Kattun gewoben wurde: von überallher, wo sich die Menschen zu Massen versammelten, weil sie zusammen arbeiteten, zogen Arbeiter zum Winterpalais, angeführt vom Priester und Polizeispitzel Gapon.
Damals entfachte man im Winter bei starkem Frost an den Straßenkreuzungen große Feuer. Die roten Kohlen fraßen sich durch den Schnee bis zum Pflaster. An den Feuern wärmten sich Hausknechte und Polizisten. Manchmal trat ein Fuhrmann unschlüssig hinzu, der dermaßen durchgefroren war, daß der Pelzrock und der darübergezogene Kaftan sich nicht mehr bogen.
Im Januar 1905 standen an den Feuern Doppelposten der Polizei. Ihre Ohren waren durch Kapuzen geschützt. Die Angst der Obrigkeit ließ sogar diese Vorschriftswidrigkeit zu.
Zum 9. Januar hatte man die Neva-Brücken hochgezogen.

Das Volk sammelte sich in den Vorstädten. Es zog von der Schlüsselburger Chaussee herauf, von der Vyborgskaja und der Peterburgskaja Storona, von den Putilov-Werken, von der Narwaer Bannmeile. Man ließ es nicht durch. An der Börse wurde geschossen. Die Menge passierte die Nevka, dann die Neva, quer übers Eis. Am Schloßplatz wurde auf die Menge geschossen. Der Staub der Ruhe wurde vom Pflaster geblasen. Das Pflaster rötete sich.

Alles veränderte sich: die Neva, der Schloßplatz, das Schloß, vom Grundstein bis zum Dach.

Man sagte, die Truppen hätten auf die Statuen geschossen, die am Gesims entlang aufgestellt waren.

Nur der Engel auf der Alexandersäule blieb gegen den Verdacht gefeit, ein Revolutionär zu sein.

Bei der Rückerinnerung staunt man, wie rasch alles ging. In Wirklichkeit nimmt sich die Geschichte Zeit und findet nicht immer gleich das richtige Wort.

In dem großen Land war keiner mehr mit dem Zaren einverstanden. Der war am Ende, obwohl er weiterlebte und Gesetze erließ. Die Macht war noch in seinen Händen, aber in den Händen war keine Kraft mehr.

Wenn ein Mensch stirbt, geht seine Taschenuhr weiter. Die Revolution des Jahres 1905 war vorbei. Die Uhr unter dem Rundbogen auf dem Schloßplatz ging weiter, als hätte es den 9. Januar nicht gegeben, als die Menschen zum Winterpalais durchzubrechen versuchten. Aber obwohl die Frist für das Zarenreich noch nicht abgelaufen war – der Zarismus war bereits tot.

Das Bezirks-Gymnasium

In jenen Jahren, als die Revolution vorbei zu sein schien, wurde an der Černyšev-Gasse, gegenüber dem Ministe-

rium für Volksbildung, das Bezirks-Gymnasium eröffnet. Meine Eltern nahmen mich von der alten Schule und schickten mich auf dieses Gymnasium, denn hier mußte man weniger Schulgeld zahlen.
Dieses staatliche Gymnasium unterstand direkt dem Lehrbezirk. Direktor war der Bezirksschulrat Latyšev, ein stolzer Lateiner.
Die alten Gymnasien der Zarenzeit waren nicht ganz schlecht, aber nur deshalb, weil es nicht reine Zarengymnasien waren. Sie hatten gute Lehrer mit Sachkenntnis und Erfahrung, die ihrem Vaterland schüchtern wohlwollten.
Es gab im Gymnasium sogar Lieblingsfächer: Geschichte, russische Literatur, Naturgeschichte. Ich sah sogar Lateiner, die ihren Schülern Begeisterung für das alte Rom beibringen wollten.
Ich hatte ein entsetzliches Laster: Schreibfehler beim Diktat.
Es schien, daß ich ohne Kollation auf die Welt kam, höchstens mit Fahnenkorrektur, mit einer Menge Druckfehler.
Das Bezirks-Gymnasium nahm mich auf. Es war eine emsige, ein klein wenig liberale Einrichtung mit gut gekehrten und gut gebohnerten Fußböden. Man ging davon aus, daß verschiedene Klassen gruppenweise in verschiedenen Räumen untergebracht werden, damit die älteren Klassen nicht die jüngeren verderben. Der Gesangsunterricht sollte alle Klassen vereinigen.
Die Kunst sollte, Schalmei spielend, der gute Hirte der jungen Generation sein.
Noch loderten Feuersbrünste in den Dörfern, noch berichteten die Zeitungen Tag für Tag über Hinrichtungen. Niemand glaubte an das Alte, niemand an eine nahe schöne Zukunft; aber denken lernte man nicht.

Die *Večernija birževaja*, ein billiges Blatt mit hoher Auflage, brachte pornographische Glossen über Zauberei und Beichten von Defraudanten, in denen zu lesen stand, wieviel Geld sie für irgendwelche Tingeltangel-Sängerinnen ausgegeben und was sie als Gegenleistung dafür erhalten hatten.
Das *Novoe vremja* veröffentlichte unwahrscheinliche Anzeigen, in denen Leute unter Angabe von Geldscheinnummern (Fünf- und Zehnrubelscheine) postlagernd miteinander korrespondierten: über irgendein krankhaftes, Schamröte erzeugendes, unbegreifliches Thema.
Als Beilage druckte diese Zeitung die Geschichte des edlen Diebes und Gentleman Arsène Lupin.
Man stülpte den Menschen eine Decke über den Kopf, damit sie nichts sahen. Man druckte Leonid Andreevs Erzählungen *Finsternis*, *Abgrund* und jene, worin der auferstandene Lazarus tot vor sich hin blickt: der Tod war legitimer geworden als das Leben.
Man las viel Übersetzungsliteratur.
Es gab Berichte über den Großen Gletscher und irgendwelche Helden, die dort während der Welteiszeit kämpften. Es wurden viele Romane aus dem Französischen und Norwegischen übersetzt.
Das alles wurde gelesen, denn es wog wenig.
Es war abstrakt wie ein alter Roman, der nicht umsonst zunächst einen fremdländischen Titel trägt.
Ideologisch führte uns in der Schule eine Dame im blauen Kleid, die grauhaarige, rosige, kurzhaarige Madame Latyšev. Vermutlich hatte sie die Frauen-Universität absolviert. Diese Dame war Inspektorin.
Dieser weibliche Inspektor des Knabengymnasiums war gescheit, tätig und vorsichtig. Alle Jugendträume, die der Status der Gattin eines höheren Beamten dementierte, hatten sich in ihre gepflegte Singstimme geflüchtet.

Gesanglehrer war ein Chorleiter, der große Ehrfurcht vor der gelehrten Dame empfand. Sie wohnte oft unseren Musikstunden bei. Eines Tages, um mein Herz zu erweichen, erzählte die grauhaarige Dame alles Punkt für Punkt. Ich gebe ihre Träume und Instruktionen in allgemeiner Form wieder.

»Die Kunst macht milde und edel. Sie verwandelt die Schule in eine einzige große Familie. Hören Sie zu, Šklovskij, aber aufmerksam!«

Die Stimmen verschlagen die Melodie zum Kanon.

Das begann so:

Laßt uns einen Kanon singen,
Er ist gar nicht schwer,
Der halbe Chor stimm an,
Der halbe Chor fall ein ...

Genauso wurde gesungen.

Gesungen wurde noch ein anderer Kanon, der weniger instruktiv war:

Der Frosch hüpft über den Weg,
Mit ausgestreckten Beinen.
Dann verliert er die Lust
Und springt in seinen Sumpf zurück.

Die andere Hälfte des Chors begleitete dies mit:

Kva-kva-kva, kva-kva-kva ...

Wir reiften stumm, falsch, bitter und verschlossen.

Ich lernte gut, schrieb Aufsätze, gab gute Antworten. In der Klasse bekam ich einmal Szenenapplaus in Gegenwart des Herrn Bezirksschulrats. Das war ein ausgewachsener Skandal.

In jener Zeit faszinierte uns der französische Ringkampf. Gekämpft wurde hinter einem Gatter in der riesigen und niedrigen Michajlovskij-Manege. Auch im Zirkus wurde gekämpft. Manchmal tauchte auf der Arena ein leichtes

Pferdebahngleis auf. Man klopfte daran, um dem Publikum zu zeigen, wie es klingt, dann legte man es dem Athleten auf die Schultern, und er stemmte die Arme gegen die Knie.

Vier Mann an jedem Ende drückten das Gleis herunter.

Es bog sich.

Aber wie schwer das doch ist!

Man soll das Allgemeine nicht mit dem Detail koppeln, nicht alles Erdenkliche ans Sujet schrauben, ans direkte Erzählen, selbst wenn es chronikhaft-memoiristisch ist.

Ich hüte die Erinnerungen an das Gewöhnliche, ich will vergessene Gerüche wiedergeben: den Geruch des damaligen Rauches und Staubes.

Ich erinnere mich an das Vergangene, als riebe ich Fensterscheiben blank. Ich sehe eine schwere und unverständliche Jugend.

Ich paßte nicht ins Gymnasium, man schloß mich aus.

Ich trug einen umgefärbten Gymnasiastenmantel, auf dessen Rücken, wie Ausschnitte auf dem Schalldeckel einer Violine, die Spur des abgetrennten Rückengürtels zu sehen war. Diese Stelle hatte sich komischerweise nicht eingefärbt.

An den Mantel wurde ein Kragen aus Katzenfell genäht.

Ich fühlte mich wie ein mit Haut und Haar in ein Katzenfell eingenähter Hund.

Jetzt hatte ich viel Zeit.

Ich schwamm in die Bücher hinein, wie das Dampferchen der Finnländischen Dampfschiffahrts-Gesellschaft unter die Brücken taucht.

Die Brücke ist sehr breit; das fade Tageslicht verschwindet, am Steuerrad blinkt ein gelbes Lämpchen. Oben lärmen gedämpft die Räder auf der Brücke.

Nein, man soll nicht alles schreiben. Aber wie unglücklich waren wir doch, wie grob fuhr uns das Leben an, wie wenig vermochten wir es zu erkennen ...

Wir alle rufen die Jugend zurück, obwohl wir wissen, daß es diese vergangene Jugend gar nicht gibt.

Ich will die Jugend durch die Erinnerung wiederbringen, wie ich die Stadt zu erkennen begann.

Soll der Hals wieder schmerzen, soll die müde Schulter wehtun: wie es der Karyatide an der Einfahrt zur alten Eremitage ergeht.

Die Stadt wandelte sich langsam. Der Nachthimmel über den Straßen färbte sich rosa, die Sterne schmolzen dahin, die Gärten verschwanden mit den Zäunen.

Die alte Stadt, die verschwand, sahen wir nicht.

Über die Admiralität sagte man, das sei offizielle Architektur. Man meinte, das Winterpalais müsse mit nicht schmutzender Ölfarbe angestrichen werden, damit man es nicht immer wieder anzustreichen braucht.

Das neunzehnte Jahrhundert sah nicht, es erkannte bloß.

Die Menschen lebten, starben, auch ihre Eifersucht war stumm. Nur die nichts sehenden Pupillen weiteten sich vor Schmerz.

Ich erkannte eine Stadt, die Ihnen heute altertümlich vorkäme; für mich war sie neu. Die Stadtlandschaft änderte sich so rasch, daß man den Eindruck haben konnte, die Stadt sei gleichsam zu mir, auf mich zugefahren. Dabei hatte ich mich nie von ihr entfernt.

Straßenbahnen begannen zu fahren. Wenn mich mein Gedächtnis nicht im Stich läßt, hatten sie zunächst zwei Klassen, mit verschiedenem Fahrpreis und verschiedenen Eingängen. Aber das setzte sich nicht durch.

Es wurde viel und schnell gebaut: in den klassischen Traditionen. Man imitierte gern das Empire, das nämliche Empire, das heute ab und zu in den Datschenbau eindringt. Man baute wieder Säulen; da es sich aber um mehrstöckige Häuser handelte, wurden nur die beiden untersten Stockwerke als Sockelgeschoß gestaltet, die beiden nächstfolgenden verband man mit Hilfe von Säulen, das oberste geriet zum Architrav.

Mit Datschen geht das leichter; die haben bloß zwei Stockwerke.

Das Neue wurde in alte Teile aufgeteilt. Das Neue wurde hinter dem Alten versteckt. Das Alte kam unerneuert wieder hervor.

Ich erblickte die Uferstraßen, erfuhr, daß Feltin sie errichtet hatte. Ich schloß die steilen Brücken über Fontanka, Mojka und Schwanenkanal in mein Herz. Ich sah die Eremitage.

In der katholischen Kirche am Nevskij-Prospekt, dort wo man heute die Tauben füttert, vermag der das Portal umrahmende Seitenschmuck mächtige Strebepfeiler zu verdecken.

Auf dem Nevskij-Prospekt schwingen die Säulen der Kazan-Kathedrale breit aus. Vor der Kathedrale stehen zwei Feldherren, deren Ruhm Zarenvernunft gleichmäßig ausgewogen hat.

Drei Häuser weiter hat ein Pelzhändler ein Haus gebaut. Heute beherbergt es ein Modeatelier und ein Fischgeschäft. Hohe dünne Säulen tragen halbrunde Bögen. Das alles ist aus Beton gemacht und hinterher auf Stein hingetrimmt.

Die Steine des Gewölbes sind nichts als Stuck. So auch der Keilstein, der sonst den Druck von beiden Seiten aushält. Solche Steine pflegte man einzukerben.

Hätte sich das Gebäude belebt, hätte der Keilstein gegen das Gewölbe gedrückt, so wäre das Haus, in Ermangelung von Strebepfeilern, links und rechts auseinandergefallen.

Die alte Admiralität ist handfest kalkuliert, sie hat das Recht dazustehen; jenes Haus aber ist ein Lügner.

Das war es, worüber ich vor sechsundvierzig Jahren nachdachte. Ich dachte, daß jene Kunst, die das alte Petersburg wiederholen möchte, mißlungen ist: so schön die alte Stadt ist.

Die Zukunft rückte heran; man tarnte sich dagegen. Die Zukunft war schon da, sie existierte bereits, aber man verdeckte sie durch Vergangenes.

Das alles ist Teil meiner Biographie. Ich lebte in der Entdeckung der Zukunft.

Ich ging durch Petersburg. Es ist tiefgelegen. Im Herbst steigt das Wasser so hoch, daß die Wellen fast durch die gußeisernen Ufergitter hindurchtreten.

Warum hat Peter alle diese Häuser hier anlegen lassen? Warum muß Puškins Evgenij hinter dem Rücken des Imperators sitzen, Rettung heischend auf dem steinernen Löwen?

Die tiefe Lage hatte ihren guten Grund. Im Frühjahr kamen Lastkähne vom Ladogasee nach Petersburg. Sie sammelten sich in mehreren Reihen entlang der Ufermauern und der nicht gemauerten Uferböschungen. Sie wurden mittels Schubkarren gelöscht. Ihre Bordwände aus gestreiften Brettern ragten immer weiter aus dem Wasser empor, als würden sie an der Uferwand hochklettern.

Im Frühling kamen Dampfer, sie löschten Kohle, luden Flachs und Bretter. Lastkähne brachten die Kohle stromaufwärts zu den Fabriken.

Die Prunkstadt der Zaren wird in der Mitte durch einen Streifen von Fabriken entzweigeschnitten.

Die Kultur jener Zeit lebte auf dem Flachufer. Nicht nur die Holländer waren Sumpfbewohner.

Goethes Faust baut im zweiten Teil der Dichtung Kanäle durch den Sumpf. Der archaische, halbfolkloristische Peer

Gynt Ibsens träumt, auf dem wüsten Ufer gelandet, von einem Kanal.

In Petersburg reichte das Wasser in Gestalt von Kanälen bis in die Höfe hinein. Ein besonders gutes Beispiel bieten die Speicher eines sehr alten Gebäudes, das Neu-Holland heißt.

Die roten Wände der Speicher gehen in den Stein der Ufermauern über. Der Kanal floß unter einem niedrigen Rundbogen hinein, dahinter sah man eine nicht sehr breite Wasserstraße. Über ihr hing schief ein Kran.

Das neue Petersburg der letzten Zaren wurde nach dem Vorbild des alten gebaut, aber ohne dessen Logik.

Ich schaute und dachte über die Kunst nach. Ich versuchte zu begreifen, was sie murmelt.

Die Dichtung der Symbolisten mochte ich nicht, aber als ich Majakovskij hörte, da glaubte ich ihm. Für mich kam er als die Erklärung der Zukunft dieser Stadt, die Vergangenes wiederholen wollte, die den Sinn der Worte vergessen hatte.

Majakovskij kam, die Straßenbahnschienen entlang, in die alte Stadt. Die Fenster der Stadt blickten ihn mit wütenden Hundeaugen an.

Petersburg ist eine Stadt der Dichter, und sie ist gebaut wie ein Poem.

Petersburg ist bewußt konzipiert. Es ist mehr als die Blume einer alten Stadt, denn selbst ein Nagel ist mehr als eine Blume: er ist bewußt hergestellt. So sprach Belinskij.

Petersburg ist gebaut wie eine strenge Strophe, mit eingeplanten Stellen für die Reime, mit einer komplizierten Ordnung ihrer Wiederkehr.

Es gab Sandbänke, auf denen sich einst Robben sonnten. Es gab vereinzelte Gehöfte und den langsamen Fluß, der sich gegen die flache Bucht stemmte.

Da bauten die Menschen Petersburg, vereinigten es durch

hohe Dachnadeln, breiteten die Arme der Admiralität aus und befestigten ihr Tor durch gewaltige Säulen, die Erdkugeln aus Stein tragen.
Erfolglose Künstler, die ihre Träume im Westen nicht hatten verwirklichen können, kamen in die Stadt, in der es im Sommer weder Nacht noch Schatten gibt, und erbauten, zusammen mit russischen Künstlern, am Rande der Welt, an der Grenze zwischen Tajga und Tundra, jene Stadt, die heute würdevoll Leningrad heißt.
Puškin, der die nächtliche Sonne und das Gleißen der Nadel auf der Admiralität sah, der den Galopp des ehernen Reiters vernahm, beschrieb diese Stadt.
Die Bürde dieser Schönheit, die gewaltige Anhäufung menschlicher Erfindungen: alles das existierte fast unbemerkt.
Petersburg wurde in der Hochflut der Revolution ausgewaschen.
Vordem konnte man in Petersburg leben, sterben, prunkvoll begraben werden, aber so, daß selbst die leiblichen Kinder die Stadt nicht sahen.

Das Flugzeug über den Tribünen

Man schrieb das Jahr 1910.
Ereignisse waren rar. Ich erinnere mich an eine Sonnenfinsternis; ich sah sie im Herbst an der Neva, während des Eisgangs. Die Sonne verdunkelte sich, es wurde unheimlich, übers Gesicht und über die Häuser schienen zerrissene grüne Schatten zu huschen.
Die weißen Eisschollen trieben dahin. Sie treiben in Leningrad im Frühling zweimal: erst kommt das Eis der Neva, Tage später das des Ladoga. Aber Eisgang gibt es in Leningrad auch im Herbst.

Das Eis kommt aus dem Ladogasee. Die Neva gefriert gewöhnlich mit Ladogaeis. Deshalb ist die Eisfläche fast immer uneben.
Mir fiel das deshalb ein, weil mir ein Leser in einem Brief an die *Literaturnaja gazeta* (ich antwortete nicht darauf) den Vorwurf machte, ich hätte in meinem Buch *Über die alten Meister* einen herbstlichen Eisgang beschrieben. Der Absender lebt in Leningrad. Den Eisgang im Herbst hätte dieser Mann sehen müssen, denn der Eisgang spielt sich in aller Öffentlichkeit ab; aber er sah ihn nicht. Niemand hatte ihm gesagt, daß er darauf achten soll; und dem Buch hat er nicht geglaubt. Die Leute sehen nicht immer das, was sich vor ihren Augen abspielt.
Darum sind Erinnerungen selbst dann nützlich, wenn Alltägliches erinnert wird: das, was alle sehen konnten, aber nicht sahen.
Ich suchte in alten Zeitungen nach einer Meldung über den Beginn der elektrischen Beleuchtung in Moskau und fand sie nicht. Vielleicht habe ich schlecht gesucht.
Die Flugübungen wurden in der Presse erwähnt, denn dafür gab es Eintrittskarten. Die Übungen fanden im Hippodrom in Kolomjaki statt.
Im Jahre 1910 verkehrten in Petersburg bereits elektrische Straßenbahnen. Die Pferdebahn war in die Außenbezirke abgedrängt.
An jenen Frühlingstagen, als die Flugvorführung war, sah ich zum erstenmal überfüllte Straßenbahnen. Die Menschen hingen an Trittbrettern, standen auf Puffern. Alles strömte zur Stadt hinaus. Viele Leute ließen die überfüllten Trambahnen fahren und schritten zu Fuß ihrer Zukunft entgegen.
Die Zukunft schien damals bloß Attraktion zu sein. Mal sehen, wie die Leute fliegen! Hinterher leben wir dann weiter wie bisher.

Das Flugzeug hieß damals Aeroplan. Es konnte noch nicht in die Stadt fliegen, man mußte zur Stadt hinaus, wenn man es sehen wollte. Man ging quer durch die ganze Stadt, den Kamennoostrovskij-Prospekt entlang. Diese Menschen waren wie die Gäste, die sich versammeln, um ein neugeborenes Kind zu betrachten.

Der Mann im Aeroplan glich damals einem Skifahrer, der den Sprung von der Schanze unerwartet hinauszögert.

Doch nein, die Skifahrer sprangen damals ja noch gar nicht von Schanzen.

Die Aeroplane liefen über die Erde, erhoben sich mit einiger Mühe in die Luft, zogen Kreise über den auf Bänken sitzenden Leuten. Sie flogen nicht weit weg, ihre Kreise waren eng und in sich geschlossen.

So ungefähr sieht es heute im Zoologischen Garten aus, wenn Kinder Pony reiten.

Ich entsinne mich an den durchsichtigen Schatten des Flugzeugs auf dem Gras, an eine menschliche Gestalt auf dem Schatten, eine klar umrissene, zwischen zwei Flächen gebeugte Gestalt, an den Geruch von Rhizinusöl und an die lärmende Menge.

Nach dem Flug kehrten die Zuschauer zufrieden und stolz heim. Während der Vorführung spielte ein Orchester, wahrscheinlich ein Gardeorchester, mit kurzen quietschenden Flöten und abrupten Trommelschlägen.

Das Orchester zog mit klingendem Spiel in die Stadt zurück.

Ihm voran zog die Menge. Die Flötenklänge und das Bewußtsein, daß der Mensch bereits fliegt, hatten die Gedanken der Menschen geweitet und emporgehoben.

Die Menge ging in dichten Reihen, so daß die Droschkenkutscher die herrschaftlichen Equipagen, die den privilegierten Teil der Zuschauer abholen wollten, umkehren mußten.

Die Menge zog über die Inseln, über die Brücken, die Straßen entlang, an deren Seiten, hinter den Zäunen der Gemüsegärten, unzählige Krautköpfe standen.
Die Menge, bereit zum Umstoßen, Zertreten und Schubsen, zog die ganze Breite der Straße entlang, von Zaun zu Zaun.
Die Polizei kam herbei, die Menge zu zerstreuen.
Das gelang ihr erst, als das Orchester den Befehl bekam, die Musik einzustellen.
Weshalb mußte die Menge zerstreut werden?
Unordnung!
Das Jahr 1905 war eben erst vorbei. Noch unlängst hatten Doppelposten der Polizei an den Straßenkreuzungen gestanden: mit Gewehr – nicht mit Säbel.
Aleksandr Blok schrieb seiner Mutter am 24. April 1910: »Der Flug eines Menschen, selbst wenn er mißglückt, hat etwas Uraltes, etwas der Menschheit an der Wiege Gesungenes und folglich Erhabenes.«
Das Automobil stellte sich weniger laut ein.
Es gibt einen Wochenschaustreifen über das erste Autorennen zwischen Moskau und einer Stadt in Südrußland.
Man sieht eine ganz gewöhnliche Chaussee, daneben stehen ein paar Birken, die von heute sein könnten. Es ist Mai. Die Blätter sind klein.
Fuhrwerke fahren, die sich seither kaum veränderten, sie werden von allerdings nicht mehr ganz heutigen Pferden mit Deichseln gezogen.
An den Straßenrand tritt ein alter Mann mit einem großen, schütteren und flachen Bart.
Der allgegenwärtige Tolstoj.
Er trägt einen Gürtel, der Mantel bauscht sich auf dem Rücken, auf dem Kopf sitzt eine Schirmmütze. Er ist so, wie er sein muß. An ihm vorbei fahren ziemlich hohe, aber sehr kurze Rennwagen mit vertikal gestelltem Lenk-

rad. Die Menschen in den Wagen winken, ergriffen vom Erlebnis der Schnelligkeit. Sie winken Tolstoj zu; und Tolstoj winkt höflich und kurz zurück.
Keiner von ihnen ahnte, daß sie schon morgen ferne Vergangenheit sind – er aber nicht.
Es heißt in einem alten Buch: »Ihr sagt, daß die Zeit vergehe. Ihr Wahnsinnigen! Ihr seid es, die ihr vergeht!«
Die Technik, in ihrem Flug, vergeht und altert mit natürlicher, aber unwahrscheinlicher Geschwindigkeit.

Das Gymnasium Šapovalenko auf dem Kamennoostrovskij

Nikolaj Petrovič Šapovalenko, ein experimenteller Physiologe und Schüler Pavlovs, sattelte auf den Arztberuf über und wurde Facharzt für Kinderkrankheiten.
Irgendein einflußreicher Mann, dessen Kind der Arzt geheilt hatte, erwies ihm Protektion. Damals gab es private Gymnasien und Realschulen. Sie hatten Prüfungsrecht und durften vollgültige Abiturszeugnisse ausstellen.
Ärzte bekamen seltsame Dinge geschenkt: Zigarettenetuis aus Perlmutt, alte unveräußerliche Bronzen, Bilder schlechter Maler, zuweilen einen bronzenen Aschenbecher.
Unser Gymnasium war so ein bronzener Aschenbecher: das Geschenk eines einflußreichen Patienten.
Wir waren die Zigarettenstummeln in diesem Aschenbecher. Das Gymnasium war voller Schüler, die von anderen Schulen ausgeschlossen worden waren. Dennoch gedenke ich ihrer, da sie nur mehr ephemere Gestalt hat, mit Zärtlichkeit.
Šapovalenko trug einen schwarzen zerknitterten Gehrock, an dem Flaumfedern hingen. Er blickte uns unaufmerksam wie ein Ramschwarenhändler und zugleich

durchdringend als der Schüler eines genialen Physiologen an.

Er hatte seine pädagogischen Theorien: bis zum Alter von fünf Jahren, sagte er, wird einem Kind nichts beigebracht; just in dieser Zeit erwirbt es jene Gewohnheiten, die es ein Leben lang beibehält.

Zweifellos langweilte sich der Physiologe im Gymnasium, aber er begriff, warum dieser Knabe lächelt: die hemmenden Zentren sind bei ihm schwach ausgebildet. Und jener andere lärmt, weil er gerade eine Krankheit hinter sich hat.

Er bat die Gymnasiasten um weniges: keine Stummel ins Pissoir zu werfen; weil es widerlich ist, sie von dort zu entfernen.

Aus dem Ministerium für Volksbildung kamen zu uns Bezirks-Inspektoren. Die Klasse erstarb im Bewußtsein ihrer Nichtigkeit. Tatsächlich kannten alle den Lehrstoff nur lückenweise.

Der Bezirks-Inspektor schaute zuerst unter die Bänke: ob wir keine hohen Stiefel tragen. Das war nämlich verboten. Dann schaute er über die Bänke: ob wir keine »Österreicher« anhaben. Auch das war nicht erlaubt. Dann setzte er sich neben irgendeinen Schüler, nahm den Horaz zur Hand und schüttelte die Rohübersetzung heraus. Manchmal berichtigte er einen Fehler.

Ich bin deshalb so ausführlich geworden, weil ich meine alten Schulkameraden kenne. Das Ergebnis war gar nicht so übel. Nicht alle alten Gymnasien ähnelten demjenigen Šapovalenkos, im allgemeinen beherrschten die Schüler den Lehrstoff.

Ich versuche manches zu erzählen und verletze die Zeitfolge

Ich schreibe nicht darum abgerissen, weil mein Stil so ist; abgerissen sind die Erinnerungen.

Einmal sah ich ein Gewitter am Ufer des Finnischen Meerbusens. Gewitter sind dort selten. Desto mächtiger war jenes. Hohe Wellen eilten ungestüm dem Ufer zu. Ein Blitz entzündete sich am anderen. Jedesmal schienen die Umrisse der Wellen und die Wolkenfetzen stillzustehen. Aber bei jedem neuen Aufblitzen befanden sich Wolken und Wellen in einer neuen unbeweglichen und zugleich scharf von der vorigen abweichenden Figuration.

So erinnert man sich an die Revolution. Lange währt zunächst das Vorgefühl: gleich kommt der Wind. Aber der Wind bleibt aus; und nur eine große Wolke, deren Wolkenrand Krieg heißt, zieht über dem Horizont auf.

Dann folgt Blitz auf Blitz. Das Leben vergeht im raschen Wiederaufflackern. Man meint, daß es sich nicht entwickelt, sondern immer wieder neu und schroff verschoben wird. Erst Jahrzehnte später begreift man die Zusammenhänge.

So viele Menschen gingen im Leben vorüber, daß ich mich nicht mehr an alle erinnere. Mir sind bloß Erinnerungen an Erinnerungen geblieben.

So erinnere ich den Heimweg aus der Schule.

Ich gehe mit meinen Schulkameraden den Kamennoostrovskij entlang. Rechterhand ist das »Aquarium«; dort wird später, meldet sich eine andere Erinnerung, das *Lenfilm*-Studio sein, dort werden die Brüder Vasiljev und Jurij Tynjanov arbeiten.

Linkerhand ist das weiße zweistöckige Haus von Witte; auf dem Dach ein Eisengitter. Dem Minister i. R. hatten die Schwarzen Hundertschaften eine recht schludrig gemachte Bombe in den Rauchfang geworfen. Der Herr

Minister i. R. ließ das Gitter aufstellen: um zu zeigen, daß er für einige Leute immerhin gefährlich ist.
Rechts kommt ein Holzhaus. Nach der Oktoberrevolution wird man es zu Brennholz zerkleinern.
Links kommt, ebenfalls aus Holz gebaut, der runde Zirkus *Modern*. Hier werden nach der Revolution Massenversammlungen stattfinden.
Dann kommt der blaue Zapfen der Moschee. Der Emir von Buchara ließ sie errichten. Daneben das Haus der Ballett-Tänzerin Mathilda Kšesinskaja, der Geliebten Zar Nikolaus II. Vor dem Haus eine holzverschalte Kirche, die Peter der Große erbaut hatte. Sie wird vor der Revolution abbrennen.
Daneben wuchs einst ein Strauch mit einem Adlernest. Zar Peter hatte ihn fällen lassen, um des Adlers habhaft zu werden. Hier steht eine Laube: an der Ecke der Mauer um das Haus der Kšesinskaja.
Vom Balkon dieses Hauses wird Lenin sprechen.
Rechts steht das »Denkmal des Wachsamen«.
Später wird Gorkij hier spazierengehen.
Die Form des Gedankens gehört dem Menschen, der Aufschwung des Gedankens: der Zeit.
Wenn ein Mensch eine Schuld trägt, gehört auch sie ihm. Wir wollen nicht die Verantwortung für unsere Fehler der Zeit aufbürden. Sonst entblößen wir uns wie einen Kohlkopf. Sonst bleibt bloß ein Strunk: nichts als Silofutter. Die Menschen sind verschieden. Die Worte sind verschieden.
Majakovskij reckte sich im Jahre 1915 auf, erblickte die Zukunft, empfand sich als den dreizehnten Apostel und begann einen Streit mit Gott, denn von der Höhe der Welle, die an der Erdfeste emporbrandete, wurden die Fehler des graubärtigen Bauleiters Gott bei der Erschaffung der Welt deutlich sichtbar.

Esenin wandte sich in einem großartigen Gedicht, das dem Propheten Jeremias gewidmet ist und *Inonien* heißt, als ein gleichfalls biblischer Prophet mit Vorwurf und Frage an Gott:

Ich fürcht nicht das Untergehen,
nicht Regenpfeil noch -speer.
»Sergej läßt es geschehen«,
so spricht und kündet er. *Deutsch von Paul Celan*

Er versuchte, durch die Ewigkeit der Sterne hindurchzubrechen, denn er hatte »eine neue Wiederkunft erblickt«. Das war bereits 1918.

Wenn die Last der Zeit gehoben wird, werden rauhe feste Seile über die Herzen der Dichter, wie über Balken, gelegt. Und die Herzen brennen so hell, daß man es sogar am Tag weit sieht.

Dieser Streit mit Gott, das direkte Gespräch mit ihm, ist die Milchstraße der Poesie. Er ist wie die Spur einer großen Skimannschaft am Himmel. Die Spur weist in die Zukunft.

Alle verstanden, daß das Vergangene vergangen ist. Wer aber kannte die Zukunft?

Ich will schreiben, daß ich sehe, wie die Brechstangen der Blitze das Vergangene aufbrechen.

Nach einem langen Leben, der Länge der Tage einsichtig, möchte ich von der Heimat reden.

Die Erde der Heimat, rauh von der Arbeit des Menschen.

Die Erde, die so viel gebar.

Im Fallen berührst du sie mit der Wange. Und diese Berührung brennt, heilt und gibt dir das richtige Wort ein.

Eine Dichterin, die heute alt und grau ist, fragte man einmal, warum sie sich entschlossen hätte, in ihren Versen so direkt und offen von ihren persönlichen Dingen zu sprechen.

Zur Verteidigung sagte sie:

»Das ist doch gereimt.«

Ich schreibe keine Verse. Jene Stimme fehlt mir. Meine Bekenntnisse, die Bildkontraste meiner Erinnerungen sind nicht durch den Gleichklang der Reime und die Wiederkehr der Wortstruktur geschützt. Ich schreibe keine Verse, ich glaube an die Rauheit der Erde. Voller Achtung für die Wiederholung der Wälder und Hügel kehre ich in meinen Worten ins nun fast unbekannte Vergangene zurück: um des künftigen Reimes der kommenden Generationen willen.

Šklovskij, Schüler eines Privatgymnasiums, schlecht lebender Jüngling von vor fünfzig Jahren, ist auf der Troickijbrücke stehengeblieben.

Er ist unterwegs mit seinen Kameraden. Es ist Frühling. Die Nadel der Admiralität glänzt.

Das ist rechterhand. Das rosafarbene Ingenieurschloß direkt vor ihm hat eine niedrigere Nadel.

Hinter ihm, über einer flachen kleinen Insel, über einer grauen niedrigen Granitmauer, an deren Ecke sich wie ein Nest ein kleiner Balkon angehängt hat, über der Mauer, die die Höhe einer Flußwelle hat, erhebt sich, hoch wie das Zentrum eines lyrischen Gedichts, die Nadel der Peter-Pauls-Festung.

Wir lassen die Brücke hinter uns, passieren das runde Suvorov-Denkmal.

Den Greis aus Bronze verjüngen der geflügelte Helm und der Harnisch. So steht er da, als Beschützer der Zarenkrone und der päpstlichen Tiara.

Doch der Ruhm dieses Greises wird die Krone der Zaren und ihren Ruhm überleben.

Dahinter staubt rotbraun das Rechteck des Marsfeldes.

Links ist der Sommergarten, vorn, wie eine Tuschzeichnung in Staub, der Michajlovskij-Garten, rechts stehen Säulen und Gebäude.

Einige Jahre später werde ich auf diesem Feld Fahrunterricht für Panzerwagenfahrer geben.
Einige Jahre später, in den Märztagen des Jahres 1917, wird man auf diesem Platz Ammonpulver und Trinitrotoluol zur Explosion bringen, um die Gräber für die Opfer der Februarrevolution schaufeln zu können.
Es wird Vorfrühling sein. Der blaue Himmel wird in den kalten Pfützen inmitten des nicht geräumten Schnees zerschellen.
Mehrere Orchester, jedes für sich, werden losspielen; und in einer Wolke roter Fahnen wird man die roten Särge vorbeitragen.
Viel Zeit ist vergangen; die Jahre blickten über die Jahre hinweg; die Jahre ergrauten; die Jahre vergingen.
Auf dem Marsfeld rauscht jetzt ein Garten. Er ist nicht dicht.
Einst ging Raskolnikov über dieses Feld, er ging, seinen Plan auszuführen; auf dem Irrtum seiner Einsamkeit zu bestehen. Er dachte, um nicht den Verstand zu verlieren, wie gut es doch wäre, auf dem Marsfeld einen Garten anzulegen und Fontänen springen zu lassen.
Im Garten blüht Flieder.
Laßt uns hohe Springbrunnen auf dem Marsfeld errichten, damit sich der Regenbogen darüberwölbt, damit die Menschen wissen, wie leicht die Revolution auf ihrem Wege das vollbringt, was für den Einzelnen ein unmöglicher Traum ist.

Gänse und Schwäne

Ich schreibe nicht der Reihe nach. Das hat den Vorteil der Überprüfbarkeit. Ich prüfe, wie sich die Fragmente koppeln, niedergeschrieben mit dem einzigen Wunsch, die

Wahrheit zu sagen, und die verschiedenen Details aufnehmend, die den Standpunkt verändern.
Ich will dennoch zu differenzieren versuchen, was für Bücher die Leute meiner Generation lasen.
Es gibt das Märchen *Gänse und Schwäne*. Der kleine Ivaška ist der Hexe und dem Hexenofen, in dem man ihn braten wollte, davongelaufen. Die Hexe jagt hinter ihm her. Ivaška ist auf eine Eiche geklettert, die Hexe nagt an der Eiche mit ihren eisernen Zähnen.
Ivaška weiß nicht, was er nun tun soll. Da sieht er Gänse und Schwäne fliegen. Er bittet sie:

Ihr meine Gänse und Schwäne,
Nehmt mich auf Eure Flügel ...

»Sollen dich die mittleren nehmen«, sagen die Vögel.
Es kommt ein anderer Schwarm geflogen. Wieder bittet Ivaška:

Ihr meine Gänse und Schwäne,
Nehmt mich auf Eure Flügel ...

»Sollen dich die hinteren nehmen.«
Nun ist der dritte Schwarm da.
Wieder äußert Ivaška die gleiche Bitte.
Da hoben ihn die Gänse und Schwäne auf, brachten ihn nach Hause und setzten ihn auf dem Dachboden ab.
Was weiter folgt, ist uninteressant: Ivaška bekommt einen Fladen geschenkt.
Was soll das bedeuten?
Ein Mensch kann sich nicht von alleine erheben. Er bittet die Menschen, die vor ihm dachten, träumten, haßten. Zu ihnen spricht er, übers Buch gebeugt:
»Nehmt mich mit!«
»Kann ich nicht«, antwortet das Buch, »frag ein anderes!«
Der Weg, auf dem der Schwarm der weißflügeligen, der

weißseitigen Bücher den Menschen davonträgt, ist nicht immer gerade. Der Weg auf der Flucht vor Angst und Verfolgung.
So erging es Don Quichotte, den die Träume in die Höhe und seitwärts trugen. Erst war er bloß gütig, durch Belesenheit wurde er zum großen Träumer.
So trugen die Bücher die Menschen aus elenden Wohnungen, aus Hütten, aus Gefängnissen fort.
Ich kann ein anderes Beispiel anführen, ein zeitgenössisches. Über mich, über den Schmerz meines Herzens.
Im Schlaf schmerzt das von Kränkungen durchlöcherte Herz, doch die Hand der Menschheit legt sich aufs Herz, dreht es wie die Wählscheibe eines Fernsprechers, und es beleben sich ferne und vergangene Stimmen. Der Schmerz des ins große Fernamt des menschlichen Bewußtseins eingeschalteten Herzen läßt nach.
Wovon rede ich?
Von euch.
Der Mensch denkt nicht allein. Er denkt mit Worten, die entstanden sind, als Mammute und Hirsche sich noch zu Herden versammelten und aus den Wäldern in die Steppe zogen, dem Schwarzen Meer zu. Die Tiere verschwanden, die Worte veränderten sich, doch die große kybernetische Maschine des menschlichen Selbstbewußtseins denkt. Ihre vielen Flügel bringen den Himmel zum Schwingen, der Mensch schaltet sich in sie ein.
Der Schriftsteller ist der Lehrling der Menschheit. Man kann nicht schreiben, ohne zu arbeiten, ohne zu lesen, ohne zu den Gänsen und Schwänen aufzublicken, die, Volk um Volk, Schule um Schule, über dich hinwegfliegen und dich endlich auf ihre Flügel nehmen.
In der Kunst gibt es keine Kränkung, keine Eigenliebe, denn sie ist immer eins.
Die Bäume brauchen die Pilze, die auf der Erde wachsen.

Du bist kein Baum auf dem Feld, du bist ein Baum im Wald und selber Wald.
Kolcov verglich Puškin mit einem Wald – nicht mit einem Baum.
Ein einziger Schriftsteller ist eine ganze Sippschaft, er ist das Andentagkommen des allmenschlichen Gedankens.
So, jetzt versuche ich zu erzählen, wie und was wir lasen.
Helft mir, ihr Gänse und Schwäne!

Der Knabe über dem Buch

Ein stiller Jahrhundertanfang. Eine taube, erschreckte und selbstgefällige Zeit. Das Vergangene tickt emsig vor sich hin, wie die Uhr im Zimmer eines Verstorbenen.
Jene Zeit wurde von einer Dame ausgedrückt. Diese Dame stellt sie dar. Sie sitzt in England, hat graues Haar und heißt Königin Viktoria.
Mutter besaß das Buch einer gewissen Elena Molochovec, *Das Geschenk für junge Hausfrauen*. Dort waren unter anderem auch die Regeln dargestellt, nach denen Fleisch zu tranchieren war. Das Fleisch wurde in geraden, aber wunderlichen Linien zerschnitten.
So ähnlich war die Welt aufgeteilt: Afrika, die Inseln im Stillen Ozean, Indien, Indochina. Es wurde weiter an ihr tranchiert. Zar Nikolaus, mit einem kleinen Bart und in der Uniform eines Obersten, sitzt in Gatčina oder auch in Carskoe Selo, umringt von einer Wache, die ihn vor Rußland beschützt. Man baut an der transsibirischen Eisenbahn, übers Meer in ferne Kolonien fahren Schiffe mit bunten Fahnen.
Die Segel sind verwelkt, über den Dampfern steht Rauch, ferne Länder blühen in Feuersbrünsten.
In einem ärmlichen Zimmer, in dem nichts Überflüssiges

steht, unter einer unerreichbar hoch eingeschraubten Glühbirne mit einem gelbroten Glühdraht befindet sich ein ziemlich dicker, grauäugiger Junge in einer abgeschabten Jacke und in Stiefeln mit rotbraunen Schäften: sie schauen unter den Hosen hervor. Dieser Junge steht mit den Knien auf einem Stuhl. Die Ellbogen auf den Tisch gestützt. Es ist still.
Durchs Fenster sieht man den winkligen Hof. Kein Telephon läutet, es gibt noch keines. Es gibt weder Trambahn noch Auto noch TU-104. Auf Nord- und Südpol große weiße Flecken.
Es ist still wie in einer Truhe.
Die Ellbogen aufstützen darf man nicht.
Das Leben ist voller Mandarfnicht.
Man darf den Rasen nicht betreten, man darf ihn nicht zertrampeln, man darf keine Hunde auf ihm ausführen: das betrifft die Natur im Garten.
An den Uferkais steht in fetten Buchstaben direkt auf dem Granit: »Gitter zerbrechen verboten« und »Anker werfen verboten«.
Die Aufgaben sind nicht gemacht. Es wäre gut sie durchzulesen. Auch der bereitgestellte kalte Tee will getrunken sein. Ich wechsle von den Schulbüchern zu anderen Büchern über. Andere Jungen in der Schule warten schon darauf. Eine der Hausaufgaben lautet, ein Gedicht von Pleščeev aus der Chrestomatie auswendig zu lernen. Pleščeev galt damals als großer Dichter. Ich habe ein gutes Gedächtnis, aber selbst das hilft mir nicht weiter. Das Gedicht liest sich leicht, prägt sich aber nicht ein: genausowenig wie sich Haferschleim zerbeißen läßt.
Die Chrestomatie enthält auch Passagen aus Aksakov und Turgenev. Die Gänse und Schwäne fliegen über mich hinweg, nehmen mich aber nicht mit. Doch plötzlich, schneller als der Schall des Schusses, durch Leere und Schwerelosig-

keit hindurch, fliegt mit stählernem Blitzen eine Kugel mit drei geschwätzigen Ausländern auf den Mond. Dieser Vorgang ist überdies bebildert. Das Buch trägt mich aus dem ärmlich beleuchteten Zimmer, aus dem grau in grau gehaltenen Leben fort in eine unwahrscheinliche Zukunft.

Wieder Jules Verne.

Die Welt steht vor mir, als würde sie sich in einer Glaskugel spiegeln, in einer Kugel, die alles entstellt. Die Jungen wußten über alles Bescheid, doch über alles falsch. Man erzog sie in einer unwahren Welt. Auch in dieser Welt liebten sie die Güte, den Mut, die Freundschaft. Aber sie hatten sich an die irreführende Schiefheit der damaligen Wahrnehmung gewöhnt.

Ungern trennte ich mich vom Märchen.

Ich liebte noch Andersen, aber nicht *Das häßliche junge Entlein*, sondern das Märchen von der Stricknadel. Vielleicht bildet sich schon das Bewußtsein heraus, daß die Welt, die ich sehe, keine echte, keine immerwährende Welt ist. Sie ist langweilig, im Märchen läßt sie sich abschaffen.

Die Lektüre des Kindes ist der erste Flug. Er wird sich lohnen, falls die Luft der Epoche mithilft.

Der Baum hat es gut, wenn er in einem guten Wald aufwächst.

Über die Welt der Kinderlektüre schrieb Mark Twain in *Tom Sawyer*. Dieses Buch setzt sich gut in den *Abenteuern des Huckleburry Finn* fort. Jener Junge ist weit weg gefahren, er floh mit dem Neger vor der Polizei, der Höllenfurcht und den Büchern.

Den glücklichen Tom versuchte Twain mehrmals fortzusetzen. Er schrieb die Bücher *Tom Sawyer im Ausland* und *Tom Sawyer als Detektiv*. Diese Bücher mißlangen.

Vor seinem Tod wollte Mark Twain noch einen Roman schreiben. Huckleburry Finn kehrt als sechzigjähriger Greis, krank und fast wahnsinnig, in das alte Städtchen

am Mississippi zurück. In einem Leben gibt es nur die Kindheit, er sucht unter den Kindern nach Becky und Tom. Dann kommt Tom Sawyer in die Stadt: auch ihn hat das Leben betrogen. Twain schrieb ins Konzept: »Sie sterben.«
Das Leben fiel ihm schwer, er konnte nirgendwo hinfliegen. Das einzige Glück, das er seinen Helden bereiten konnte, war das Glück der Kindheit, eine Mischung von gutem Wetter, reinem Herzen und Verwaistheit.

Der Halbwüchsige liest

Puškin liebte ich damals nicht. Gogol beeindruckte mich durch den letzten Monolog aus den *Aufzeichnungen eines Wahnsinnigen.* Noch heute stehen in meinem Kopf die Worte, lebendig und echt: »Rettet mich! nehmt mich! gebt mir eine Trojka, so schnell wie der Wind!«
Das Leiden Popriščins begriff ich nicht, doch diese Pferde, die sich in die Luft erhoben und über die Welt hinwegrasten, dorthin in die Heimat; und jene Saite, die im Nebel klang: das alles war mir vertraut.
In den Gymnasien (ich kannte viele Gymnasien, denn ich wurde oft ausgeschlossen) wurde die russische Literatur den Schülern mit Interesse, Beredsamkeit und Liberalität beigebracht. Sie war Lieblingsfach, der Literaturlehrer wurde gewöhnlich zum Lieblingslehrer. Doch von Belinskijs Geist war nichts zu spüren, eher könnte man von einem Geist Stasjulevičs sprechen. Der an nichts glaubende, mit nichts einverstandene Pisarev erregte mich sehr; er schien speziell für Halbwüchsige bestimmt zu sein. Erst nach Pisarev begann ich Puškin zu lesen.
Bei Puškin faszinierten mich nicht die langen Poeme, sondern die lyrischen Gedichte.

Es gab damals gelbe Büchlein im Kleinstformat, ihre Fläche betrug nur ein Viertel der Fläche einer heutigen Zeitschrift. Das war die Universal-Bibliothek. Sie war auf Zeitungspapier gedruckt. Sie brachte nur Übersetzungen. In diesen Ausgaben las ich die Skandinaven. Ibsen verstand ich nicht, Knut Hamsun beeindruckte mich stark. Auf dem Umweg über Hamsuns *Pan* lernte ich Lermontovs *Held unserer Zeit* verstehen. Der Neid des nichtigen Grušnickij auf den Mann, der größer ist als seine Zeit: auf Glan. Während des zweiten Weltkriegs erfuhr ich mit Bitterkeit, daß Hamsun mit den Faschisten kollaboriert.

In der gleichen Reihe las ich Oscar Wilde und Maeterlinck.

Wir lasen die grünen Bücher des *Znanie*-Verlags, wir lasen Gorkij, begeisterten uns für Leonid Andreev. Die symbolistischen Dichter kannte ich damals kaum, ihre Bücher hatten kleine Auflagen und erreichten uns nicht.

Über fünfzig Jahre schreibe ich schon; und je länger ich schreibe, desto klarer weiß ich, daß das Schreiben schwer ist. Man muß lesen. Freilich wäre es gut, ein System der Lektüre zu erfinden. Aber es gibt ein Märchen, wie sich ein Bauer vornahm, das Wetter zu machen. Er vergaß den Wind und das Gewitter und ging leer aus.

Man muß bunt durcheinander lesen, man muß in die Breite gehen, sich auf verschiedenen Wegen suchen. Vor allem muß man wissen, daß man sich an niemanden anhängen kann.

Die Gänse und Schwäne heben dich nicht hoch.

Du selber wirst in einen neuen Schwarm eingehen, wirst in der Bewegung leben, die vor dir, für dich und für das Morgen geschaffen wurde.

Literatur ist Vergangenheit und Gegenwart.

Die Bewegung der Literatur wird durch neue Aufgaben unterbrochen, die sich die Menschheit stellt.

Dann ändert sich alles.
Du selber mußt an deine Zeit Fragen stellen können, mußt dem früher Getanen einen neuen Sinn geben.
Früher aß man von der Rübe das Grün, später kam man dahinter, daß sie eine Hackfrucht ist.
Zu verschiedenen Zeiten wird verschiedenes notwendig.
Wenn du zusammen mit deiner Zeit an die Menschheit die nötige Frage stellst, werden dich der Wind oder Vögel auf ihrem Flug mitnehmen. Oder du wirst wie Nataša Rostova die Knie an die Brust pressen und umschlingen und eines Nachts bei Mondschein in den Himmel fliegen.
Man nennt das Inspiration.

Jugend

Der Jüngling liest

Im Zimmer sitzt ein sechzehnjähriger Jüngling mit großen und nicht sehr dichten kastanienbraunen Locken. Er hat eine breite Brust und hängende Schultern und träumt vom Ruhm eines Ringers oder Bildhauers.

Man schloß mich aus diversen Gymnasien aus, voller Verwunderung über meinen Charakter und die Unbedachtheit meiner Worte.

Ich saß daheim und lernte für mich allein. Ich bereitete mich auf das Los eines Scheiternden vor. In meiner Gegenwart sprach man von mir wie von einem gefährlichen Kranken.

Tolstoj ist wie der Morgen. Die Sonne ist aufgegangen, der Schnee blitzt, Tauben fliegen durch die Luft. Der verliebte Levin geht zu Kitty; er muß sich zwingen nicht loszulaufen.

Ich schaute mich im Kreis der Jünglinge um. Unsere Welt gibt es, aber sie ist bar jeder Freude. Alle »Neins« sind fest und gediegen, wie die Throne, Ufermauern und Gitter.

Daß man sie zerbrechen könnte, glaubte ich nicht. Ich erinnere mich, daß, als ich halbwüchsig war, Gymnasiasten und Studenten nicht tanzten. Es war gerade Revolution, Tanzen war verpönt.

Später freilich ging das Tanzen los. Arcybaševs *Sanin* erschien. Das war eine seltsame Epoche, als die Uhren zwar tickten, die Zeit aber stillstand. Der Zug war in eine Sackgasse geraten, das Licht in ihm erloschen, das Kursbuch zerrissen.

Bücher retteten aus der Verzweiflung.
Damals las ich Tolstoj und wieder Gogol. Wie eine ferne Insel schwamm Puškin auf mich zu.

Ich setze den Weg fort, ohne Eile, ich blicke zurück

An der Ecke des Marsfeldes, dort, wo der Ekaterinen-Kanal, der heutige Griboedov-Kanal, in die Mojka mündet, steht ein Haus mit Säulen.
Im Keller jenes Hauses wurde später das *Rasthaus der Komödianten* eröffnet. Wirt war Boris Pronin, ein Schauspieler des *Aleksandr*-Theaters, ein Bekannter von Vsevolod Mejerchold.
Dieser nie alternde Nachtmensch mit dem zurückgekämmten dichten Haar empfing seine Gäste eher aus Lust am Gespräch denn aus Gewinnsucht.
Auf der Bühne posierte er als einer der zahlreichen Gäste im Schlußakt des *Revisor*.
In Mejercholds Aufführung von Lermontovs *Maskerade* stand er da, den schönen Kopf zurückgeworfen. Im Theater in Terioki, wo Mejerchold als Regisseur arbeitete, war Pronin für Wirtschaftsfragen zuständig.
Ein Gast auf der Bühne, im Leben Zechgefährte der Gäste.
So verbrachte er sein Leben hinter der Theke.
Vorher gab es einen anderen Keller – den *Streunenden Hund*. Diese kleine Künstlerkneipe befand sich im tiefgelegenen Kellergeschoß eines Hauses am Michajlovskij-Platz. Sudejkin hat die Decke ausgemalt. Es brannte ein Kamin, es war belebt, gemütlich, schlecht gekehrt und bunt.
Am Eingang lag ein Buch auf, fast so dick wie breit und

in blaues Leder gebunden. In dieses Buch trugen sich die Besucher ein. Es hieß *Das Schweinebuch*.
Mit Hilfe des *Schweinebuchs* wurde der *Streunende Hund* zu einer geschlossenen Einrichtung. Gewerbeordnung und Polizeistunde galten hier nur bedingt.
Ins *Schweinebuch* trugen sich die Dichter und Künstler, aber auch jene Gäste ein, denen man den Namen »Pharmazeut« beilegte. Wenn ein »Pharmazeut« die Schauspieler und Schriftsteller freihielt, wurde er zum »Mäzen« befördert.
Die Mäzene und Pharmazeuten waren zahlreich vertreten. Bei starkem Andrang überschwemmten sie das Lokal, fast bis zu den hochgelegenen kasemattenartigen Fenstern.
So war es, als die Karsavina hier tanzte. Sie tanzte auf einem Spiegel. Der Eintritt kostete fünfundzwanzig Rubel, das heißt: fünf kleine Goldene. Viele Pharmazeuten zahlten diesen Preis. Künstler waren, trotz Ermäßigung, kaum da.
Das alles ist sehr lange her.
Hierher kamen Dichter. Osip Mandelštam kam, den schmalen Kopf eines gealterten Jünglings zurückgeworfen. Er führte die Zeilen seiner Verse im Mund, als sei er ein Lehrling, der eine mächtige Zauberformel paukt. Die Verse brachen ab, dann kam noch eine Zeile zum Vorschein.
Damals schrieb er am Buch *Stein*.
Ab und zu kam Anna Achmatova, jung, im schwarzen Rock; sie hatte eine Bewegung der Schulter, eine Wendung des Kopfes, die nur ihr eigen waren.
Oft ließ sich der schönhäuptige Georgij Ivanov blicken. Sein Gesicht sah aus, als sei es auf ein noch nicht beschmutztes gelbrosiges Hühnerei aufgemalt. Georgij Ivanovs Lippen waren gleichsam erstarrt oder leicht aufgesprungen; er sprach undeutlich.

In den patriotischen Tagen zu Beginn des Krieges gegen Deutschland, als im *Streunenden Hund* weder Wein noch Wodka, sondern nur Fruchtwasser serviert wurde, trug Vladimir Majakovskij ein Gedicht vor. Es hieß *Ihr!* Ich zitiere zunächst den Anfang:

Ihr, die ihr Orgie nach Orgie feiert,
die ihr ein Badezimmer und ein warmes Klo habt!
Schämt ihr euch nicht, über die
für den Georgsorden Vorgeschlagenen
in den Spalten der Zeitungen zu lesen?!

Und jetzt den Schluß:

Soll ich etwa euch, die ihr Weiber und Gelage liebt,
mein Leben hingeben?!
Lieber werde ich als Nutte in der Bar
Ananaswasser servieren.

Es gab ein Geschrei. Nicht aus Zorn. Beleidigend war der Gedichttitel. Beleidigend war der Blitz, der in diesem Keller aufgehuscht war. Das Gekreisch war vielfältig und beflissen.

Ich hatte noch nie zuvor so viel Weibergekreisch gehört. Es war ein Geschrei wie auf der Achterbahn, wenn der Wagen mit den Damen und Kavalieren steil abstürzt, um sodann, vom elektrischen Motor angetrieben, gleich wieder hochzuschnellen. Über die Neva hinweg kann man hören, wie drüben auf dem Flachufer, auf der Sandbank rechterhand von der Peter-Pauls-Festung, langanhaltend oder kurz Frauen auf der Achterbahn kreischen.

Die Frauen im *Streunenden Hund* kreischten, um sich zu distanzieren.

In jenem Keller kannte man den Preis des Verses. Eine geglückte Zeile Mandelštams erregte Neid und Hochachtung und Haß.

Michail Kuzmin, den man verehrungsvoll den größten

der kleinen Dichter nannte, erschien mir damals als ein Greis. Tief eingefallene Augen, auf die sich die dicken und dunklen Lider schwer niedersenken; die Strähnen der schütteren Haare sind auf die Glatze gekämmt und gleichsam festgeklebt. Die Haare ähneln dem Lorbeer der Kokarden, die die Ränder unserer Gymnasiastenmützen schmückten. Dieses vorzeitige Alter war nicht unschön.
Hierher kam ein guter Bekannter von mir, mit dem ich später auf einem Abend in der Tenišev-Lehranstalt auftreten sollte: Vladimir Pjast.
Pjast war Hispanologe, Dichter und hatte ein schweres Schicksal. Eines Tages, von der Liebe enttäuscht oder vom Glauben an das, was er liebt, oder im Zustand jener Verfinsterung, die ihn zuweilen überkam und in die Nervenheilanstalt brachte, verschluckte Pjast einige glühende Kohlestücke und trank im unerträglichen Schmerz ein Tintenfaß aus.
Dann warf sich der Dichter unter einen Zug; das alles spielte sich irgendwo unweit des Parks von Carskoe Selo ab.
Das Schutzgitter des Zuges schleuderte den Dichter auf die Böschung.
Ich besuchte Pjast im Krankenhaus. Er erklärte, mich aus weit geöffneten Augen anblickend, er hätte richtig gehandelt, Tinte sei tanninhaltig, Tannin hätte eine bindende Wirkung und müsse daher bei Verbrennungen helfen.
Er hatte aber Anilintinte getrunken; und die hat keine bindende Wirkung.
Der Dichter blieb am Leben, er schrieb Verse, trug sie mit schöner Stimme vor, versuchte sie zu verlegen, erteilte in Mejercholds Studio Deklamationsunterricht, schwamm, veröffentlichte Bücher über das Schwimmen.
Hoch aufgereckt, mit seinem schmalen Schädel, grimmig ruhig und angespannt leer kam Pjast in den *Streunenden*

Hund, um dort Schach zu spielen. Er war Studienkollege von Aleksandr Blok und ging gern mit ihm spazieren.
Blok pflegte nicht auf der Stadtseite spazieren zu gehen, sondern jenseits der Neva. Er liebte den Großen Prospekt, die Petrovskij-Insel, den Udelnyj-Park, Ozerki, er ging nach Sestroreck. Irgendein Privatunternehmer hatte von der Finnländischen Eisenbahnlinie ein Gleisstück zum Kurort von Sestroreck abgezweigt. Dann wurde die Seestrecke gebaut; das Gleisstück zwischen der Finnländischen Strecke und dem Meer wurde überflüssig. Die Gleise wurden entfernt. Der Bahndamm lag völlig leer da, er führte durch Dünen und Sumpf, allmählich verwildernd.
Blok spürte diese verlassene Strecke auf und ging gern dort spazieren.
Er hatte seine Spazierwege aufs andere Ufer der Neva verlegt, als er in das hohe graue Haus an der Seepforte der Neva einzog.
Pjast stellt mich Blok vor. Blok war ruhig, offenbar sehr stark, trug einen Gehrock, der immer bis oben zugeknöpft war. Er sprach wenig, spielte interessiert Schach mit Pjast, war aber wohl kein guter Spieler.
Niemand richtete als erster das Wort an ihn. Er war für sich allein in der Menge.

Nikolaj Kulbin

Wovon wir lebten? Wer wüßte das zu sagen? Chlebnikov lieh sich manchmal zwanzig Kopeken. Ich hatte einen Freitisch bei meinem Vater.
Einmal kam ich zu Nikolaj Ivanovič Kulbin. Dieser hochgewachsene kahlköpfige Mann hatte einen kleinen runden Kopf, trug Khaki und malte auf Aluminium. Sein Porträt als Evangelist Lukas, das der Maler Sudejkin gemalt

hatte, hing an der Wand. Leider war es mit Farben gemalt, die mit Petroleum angerührt waren. Deshalb war es nachgedunkelt, obwohl Sudejkin allerhand von Farben verstand.
Kulbin war Dilettant. Er glaubte an den Einfluß der Sonnenflecken auf die Revolution, er erwartete ihren nahen Ausbruch. Er glaubte an die Genialität Evreinovs. Dieser Fleck hat ihn getäuscht. Selber war er ein Sonnenreflex auf einem Glassplitter.
Kulbin sprach zu mir: der Mensch ist durch den Bau seines Innenohrs imstande, auf einem Seil zu gehen und alles das auf einem Seil zu machen, was er auf dem Fußboden tut, aber er ist sich dessen nicht bewußt, man müßte es ihm sagen; oft empfiehlt es sich, einem Menschen zu sagen, daß er ein Genie ist, damit ihm die Angst und der Unglauben an sich selbst vergeht.
Genauso verhielt er sich einer Skulptur gegenüber, die ich ihm brachte. Ich bin alles andere als ein Bildhauer und habe mich auch seit gut vierzig Jahren nicht mehr als solcher betätigt.
Auch damals war es kein bildhauerisches Talent, sondern stiller Wahnsinn: eine Inspiration für drei Minuten. Ich brachte Kulbin meine Produkte nicht in Gips, sondern direkt in Lehm. Ich unterhielt mich mit ihm. Er sagte mir, wie es damals seine Art war:
»Sie sind ein Genie.«
Ich wunderte mich nicht, das war damals meine Art, ich erwiderte gelassen:
»Welche Beweise haben Sie dafür?«
»Sehen Sie, Viktor Borisovič, ich verdiene dreihundert Rubel im Monat (vielleicht waren es auch zweihundert), ich kann Ihnen vierzig Rubel monatlich geben, damit Sie, sagen wir: zwei Jahre lang, nicht ans Geld denken müssen.«

»Und was muß ich dafür tun?«
»Sie werden der Freund meines Sohnes sein (er hatte einen Sohn, Ivan). Unterricht brauchen Sie ihm nicht zu geben, aber sorgen Sie dafür, daß er Ihnen ähnlich wird.«
Was aus Kulbins Sohn geworden ist, weiß ich nicht.
Kulbin senior arbeitete als Zeichner und Maler. Heute glaube ich, daß er ein begabter Maler war. Er malte Plakate mit Buntstift. Vor dem Tod malte er das Plakat *Mich dürstet nach Einsamkeit.* Außerdem behängte er die Wände seines Zimmers mit Bildern auf Aluminium und handgemalten Tellern und strich die Säulen seines Büfetts blau an; doch das blaugestrichene Büfett blieb, was es vorher war.
Die Bilder auf Aluminium waren keine Schrulle. Kulbin war ein durchaus gebildeter Mann. Er meinte, daß die Farbschicht von der Leinwand her oxydiert; man müsse danach streben, auf einer unveränderlichen und undurchdringlichen Grundlage zu malen. Fürs Aluminium bereitete er einen besonderen Grund, der sich nicht veränderte und auf Metall keine Sprünge zeigte.
Kulbin unterwies mich in der Ernährung. Er sagte:
»Gehen Sie in keine Imbißstuben. Gehen Sie in einen Milchladen, essen Sie ein Stück Käse, trinken Sie ein Glas Milch, essen Sie abends eine Zwiebel. Das ist alles, was Sie an Nahrung brauchen.«
Außerdem betrachtete Kulbin meine Pupillen, kontrollierte meine Reflexe und gab mir den Rat, viel zu schlafen.
Diesen Rat befolge ich noch heute.
Kulbin starb glücklich, am dritten Tag der Februarrevolution. Er stellte Milizeinheiten auf und hatte die Einsamkeit vergessen.
Auf dem Seil zu gehen habe ich, entgegen dem Rat meines Lehrers, nicht gelernt. Es hat sich einfach nicht ergeben.

Seine anderen Ratschläge habe ich im großen Ganzen befolgt. Doch wenn ich an einem großen Buch schreibe, gehe ich auf einem Seil, dem Ziel des Künstlers entgegen.
Die Kunst wendet sich ans Volk, an den Leser, folglich auch an mich. Sie läßt sich nicht restlos in den *Mitteilungen der Akademie der Wissenschaften* unterbringen, ist nicht nur für den Akademiegebrauch bestimmt. Was Čechov oder Gogol geschrieben haben, wendet sich an mich. Mein Gehirn ist so gebaut, daß ich bei Tage wie bei Nacht auf diesem Seil gehen kann, ohne mondsüchtig zu sein.

Die Futuristen

I

Auf den Ausstellungen der *Welt der Kunst* kamen Säle auf, die das Publikum die *Zimmer der Wilden* nannte.
Hier stellten M. Larionov und N. Gončarova aus.
Diese rauhen seltsamen Bilder beunruhigten die Besucher.
Ein Bild Larionovs aus dem Jahr 1913 hieß *Im Friseurladen.*
Ein Friseur mit einer geöffneten Schere schaute böse und verloren auf einen Kunden, der ihm das Ohr zukehrte.
Vielleicht war es dies Bild, das Majakovskij beschrieb:

> Ich betrat den Friseurladen, sagte ganz ruhig:
> »Seien Sie so nett, mir die Ohren zu kämmen«.
> Der glatte Friseur wurde gleich ganz stachlig,
> Sein Gesicht streckte sich lang wie eine Birne ...

Man schrie auf die *Wilden* ein.
Dann verließen die *Wilden* die *Welt der Kunst.* Sie waren sehr verschieden. Die einen entpuppten sich als bloß dekorativ, andere versuchten, einen Gegenstand von mehreren Blickpunkten gleichzeitig darzustellen.

Der liberale Kunstkritiker Alexander Benois schrieb am 13. April 1912 in der Zeitung *Reč*:
»Wir leben in einer Zeit, über die man sich später entweder lustig machen oder die man für eine unglückliche und einfach tragisch wahnsinnige Zeit halten wird. Es gab bereits Epochen in der Kulturgeschichte, da sich ein beträchtlicher Teil der Gesellschaft in irgendwelche Labyrinthe des Theoretisierens zurückzog und jede lebendige Freude einbüßte. Aber schwerlich läßt sich eine jener Epochen mit der unsrigen vergleichen. Schon seit zehn Jahren wird die Kunst, dieser zuverlässigste Gradmesser der geistigen Gesundheit einer Gesellschaft, immer mehr zu einem Alpdrücken.«
Alexander Benois war ein gar nicht schlechter, aber beschränkter Künstler.
Die sogenannten Linken malten anders. Sie wechselten oft die Schulen. Die Bezeichnungen der Ausstellungen und Schulen lösten rasch einander ab. Nach der Ausstellung *Karobube* kamen *Eselsschwanz* und *Zielscheibe*. Im Vorwort zum Katalog der Ausstellung *Zielscheibe* schrieb Michail Larionov: »Wir streben dem Osten entgegen und wenden uns der nationalen Kunst zu ... Wir verlangen nicht, daß die Gesellschaft uns beachtet, aber auch sie soll das bitte von uns nicht verlangen ... Es kommt vor allem darauf an, seine Sache zu können.«
In diesen letzten hochmütigen Worten wird die »Sache der Kunst« als eine Sache »nur für die Kunst« begründet, das heißt: als Selbstabschließung.
Nachdem sie sich von der gegenständlichen Darstellung gelöst hatte, wechselte die Malerei mit katastrophenhafter Schnelligkeit immerzu die Methoden der Organisation des Bildes.
Nach den Frauen und Männern, die aus abgeschnittenen Kegeln und zugleich aus verbogenem und gelötetem Eisen-

blech bestanden, hängte Malevič ein schwarzes leicht abgeschrägtes Quadrat auf weißem Grund auf.
Auf den Ausstellungen tauchten Plakatecken auf und Buchstaben, die auf irgendeine nur schwer eingängige Bedeutung anspielten.
Einige Bilder waren weiß auf weißem Grund gemalt und sahen aus wie Parkett.

2

Das, was ich sage, muß präzisiert werden. Zu allererst bemühe ich mich, meine damalige Einstellung zu meiner Zeit zu rekonstruieren. Ich versuche, geschichtlich zu denken, das heißt: ich projiziere mein heutiges Wissen nicht um fünfzig Jahre zurück.
Andererseits kann und will ich das Vergangene nicht konservieren, weil eine solche Konservierung unhistorisch wäre. Das Vergangene hat sich nicht so verändert, wie sich der Wald verändert, wo verschiedene Baumarten gegeneinander kämpfen und einander ablösen, die Tanne die Birken, die Eiche die Espe. Nein, das Vergangene ändert sich so, wie sich die menschliche Gesellschaft ändert.
Vladimir Majakovskij war Maler. Die Schule des Malers, das malerische Auge wurde ein Element seines Dichtertums. Als Maler verehrte und liebte Majakovskij Serov, er liebte die Impressionisten, aber er liebte auch Larionov.
Was aber das Wichtigste war: er fand für das vor ihm Geschaffene eine andere Verwendung. Alle Wörter stehen in Wörterbüchern: wenn nicht in solchen der Akademie der Wissenschaften, dann in Wörterbüchern für Gebietsdialekte oder Berufsjargons. Aber das Leben und der Dichter deformieren die poetischen Strukturen. Sie verändern die Bedeutung der Worte: gemäß den expressiven Bedürfnissen der Zeit.

Es ist sehr leicht, die Beziehung eines Künstlers zu einem anderen Künstler auf der Linie der Wiederholung der sogenannten Form festzustellen. Aber das bringt wenig ein, denn die besagte Form wird umgedeutet; und damit ist sie nicht mehr die alte Form, sondern eine neue.
Besonders klar kommt das in der Parodie an den Tag. Der *Don Quichotte* ist kein Ritterroman, es ist ein Antiritterroman und zugleich, und das ist das Entscheidende, ist er ein Roman über den Ritter einer neuen Gesellschaft: über den Humanisten.
Majakovskij ist kein Don Quichotte, denn er ist im Besitz einer neuen Waffe.

3

Majakovskij zerschlug die Worte mithilfe des Reims, besonders in seinen früheren Gedichten; er unterstrich das durch die graphische Anordnung.
So verfuhren schon die Symbolisten, aber sie verfolgten damit andere Zwecke, und es hatte bei ihnen auch nicht diese Bedeutung.
Das Problem der Nachfolge ist ein Problem der Bedeutungsänderung.
Chlebnikov steht Majakovskij nahe und zugleich ist er ihm unendlich fern.
Unter den jungen Künstlern jener Zeit war Majakovskij ein Einzelgänger, denn er war ein Kämpfer und jemand, der das Leben auf einen Schlag umgriff.
Mir fiel gerade ein Film ein, der im Jahre 1961 auf den Moskauer Filmfestspielen lief. Der Film kommt aus Schweden und heißt *Der Richter*. Gedreht hat ihn Alf Soeberg, das Drehbuch schrieben Wilhelm Moberg und Alf Soeberg.
Dieser recht gute Film erzählt von den Fährnissen des

Rechts in der bürgerlichen Gesellschaft. Einem jungen Dichter raubt sein Vormund, ein Richter, die Erbschaft, um ihn dann ins Irrenhaus zu expedieren.
Der Film endet relativ glücklich. Eine schrullige alte Musiklehrerin nimmt ein verräterisches Gespräch des Richters auf Tonband. Daraufhin bekommt der Dichter seine Braut zurück, vermutlich auch sein Vermögen.
Dieser Vorgang wird ins Parodistische überspitzt.
Die gelungenste Stelle im Film ist die Darstellung des Irrenhauses. Winterliche Bäume mit abgeschlagenen Ästen, Nebel, Schnee, Stille.
Der ins Irrenhaus gesteckte Dichter sitzt da und schreibt Verse. Hier hat er sich seine »Lebenserfahrung« erworben und zugleich Schutz vor dem Leben: die Türen des Irrenhauses. Der als Wärter fungierende Arzt liebt jetzt beinahe diesen gebrochenen Mann, dessen Verse entzücken ihn.
Der Jüngling schreibt ein Gedicht über eine Schwalbe, die auf die weiße Wand des Himmels irgendwelche schlichten Worte gemalt hat.
Das ist das Herz des Films, hier fehlt die Ironie, hier ist Inspiration.
Das war der Weg, auf dem sich unsere linke Kunst von damals und die linke Kunst des Westens vom »Richter« befreiten. Sie gewannen die Illusion der Freiheit eines Krankenhausinsassen.
Doch im Krankenhaus darf man nicht verweilen; und weg von dort kann man nur in den Kampf gehen.
Nach der Oktoberrevolution schrieb Chlebnikov Gedichte wie *Die Nacht vor den Räten.*
Majakovskij verließ niemals das Kampffeld.
Chlebnikov wurde postum ediert. Seine Freunde, die Burljuks, hatten ihn nur als Sensation publiziert. Als einen Dichter erkannte ihn erst die Revolution.

Chlebnikov ging fort zu den Menschen: in die Revolution hinein.

4

Ich erinnere mich, wie ich mit Majakovskij, den ich bis heute nicht mit dem Vornamen, sondern immer mit dem Vatersnamen anrede, über die gepflasterten Straßen Petersburgs ging, über die bunt mit Sonne gesprenkelten Alleen des Sommergartens, an den Uferkais der Neva entlang, über die Žukovskij-Straße, wo die Frau wohnte, in die der Dichter verliebt war.
Stücke dieser Stadtlandschaft haben sich in Majakovskijs Verse eingebrannt und eingeschmolzen.
Der Dichter war still, wehmütig, ironisch, ruhig. Er war überzeugt, er wußte, daß die Revolution nicht mehr lange ausbleibt. Sein Verhältnis zu allem, was ihn umgab, war das Verhältnis zu etwas, das verschwindet. So ähnlich war Černyševskijs Einstellung zu den Leuten, die zu seiner Zeit der Revolution ihr Recht bestritten. Er wußte, daß sie nicht nachgeben können und deshalb untergehen werden. Sie sind nicht nur furchterregend, sie sind erbarmenswürdig.
Den ganz jungen Majakovskij hatte die Revolution von 1905 erzogen, er kannte gut die damalige revolutionäre Literatur – Lenin, Marx, Bebel. Er kannte und schätzte Černyševskij. Mit verblüffender Präzision entsann er sich der klassischen russischen Literatur und liebte sie, vor allem Blok und Puškin. Besonders aber liebte er das *Heute*: um des *Morgen* willen.
Der große usbekische Dichter Navoji sagte seinen Schülern, sie sollten nicht über Edelsteine schreiben. Wollt Ihr Rosen hervorbringen, so seid Erde, schrieb er.
Gogols Bilder sind deshalb edel, weil sie Erde sind.

Majakovskij ist Erde, Straße, Stein.
An seiner Seite ging ich über jene Steine, ohne zu ahnen, wie edel sie sind.
Seine Liebe war die Liebe des neuen Menschen.
Sie war wie das tägliche Brot: sie war von heute, sie war neu.
Sie hätte sich nach einigen Jahrzehnten glücklich verwirklichen können. Um dieser Liebe willen mußte er zusammen mit den anderen den Kommunismus aufbauen.
Der Weg zu dieser Liebe führt über die Sterne.
In Majakovskijs Versen kommen Weltraumschiffe vor.
Man muß seinen Fuß auf den Großen Bären setzen, um den Schmerz zu lindern, um den Bärenschlaf des menschlichen Herzens aufzuscheuchen.
Anekdoten im höchsten Sinne will ich nicht notieren. Vielleicht bedarf es ihrer, damit sich die Leute einprägen, wie der neue Mensch nach dem bereits nicht mehr ersten Konzept des Lebens aussah.
Menschen fliegen durch den Kosmos; der Planet ist ihnen ein Verkehrsmittel. Diejenigen, die ihre astronomische Situation begreifen, erscheinen dem überzeugten Stubenhokker naiv.
Majakovskij war ein Mensch der Zukunft; er war so, wie ein Kommunist sein muß.

Einführung zu den Kapiteln über die alte Universität

Ich will von der alten Universität erzählen und vom literarischen Leben Petersburgs.
Zwölf Dächer bedecken das Gebäude der zwölf Kollegien, das Peter I. schuf, um die Einheit der Verwaltung zu gewährleisten.

Um diese Einheit architektonisch auszudrücken, besaß das Gebäude im Erdgeschoß von der Neva bis zur Nevka durchgehende Arkaden und im ersten Stock einen Korridor von Fluß zu Fluß.

Stand ich am einen Ende dieses Ganges, sah ich einen Studenten am anderen Ende in der Größe eines zweijährigen Buben: so sehr schmälerte die weitausholende Architektur den Umfang eines menschlichen Wesens.

Der Korridor besteht ganz aus Fenstern. In den Korridor führen Türen. Die Türen führen in halbdunkle Zimmer mit Schränken aus Eschenholz. Dahinter sind helle Hörsäle.

In den Gängen hängen an Sperrholztafeln Anschläge und Bekanntmachungen.

Das Ende des Korridors ist abgeschnitten: zugunsten irgendeiner Kanzlei.

Hier wachsen, auf handbeschriebenem Papier, die Listen der Leute, die irgend etwas bestehen, sich irgendwo einschreiben oder vor irgend etwas drücken wollen.

Im Korridor steht man oft Schlange. Die zwölf Kollegien stehen seitlich zur Neva, denn einst lag vor ihnen eine sumpfige Ödfläche, die mit Sumpfgras bewachsen war, dahinter schimmerte blau die Neva und stand, zum Schutz des Flusses, die Festung.

Die zwölf Kollegien waren Schulter an Schulter vor der militärischen Macht angetreten.

Dann wurde das Gelände der Strelka bebaut und vor der Börse wuchsen die Rostral-Säulen auf.

Die Stadt wuchs, ihr Zentrum verschob sich. Heute ist es schwer zu entscheiden, wonach sich das langgestreckte Gebäude ausrichtet, vor wem die breite Front der Universität aufmarschiert ist.

Die Studenten gingen in grünen Diagonal-Hosen, in Hemden und Jacken durch den Korridor. Gestärkte Wäsche und Gehröcke waren selten.

Ich trug damals eine Jacke, bei festlichen Anlässen zog ich den grünen Gehrock meines Bruders direkt übers Nachthemd an. Dieser Gehrock hatte bereits einmal die Universität absolviert.
Gorkij nannte ihn später: die Feuerwehr-Uniform.
Im Jahre 1919 wurde der Gehrock auf dem Malcevskij-Markt gegen Mehl und Salz umgetauscht.
Die Studenten, die über den Korridor der Universität gingen, waren der Meinung, hier und nirgends sonst würde mit Geschrei über alle Zukunftspläne entschieden. Sie lärmten. Sie streikten. Sie stritten sich. Sie standen Schlange. Sie lösten wissenschaftliche Probleme.
Auch in den Hörsälen wurde gelernt. Die juristischen Vorlesungen waren überfüllt. Die Vorlesungen über Physik und Philologie waren oft schwach besucht. Es kam vor, daß eine Vorlesung, die sehr interessant sein konnte, vor zwei oder drei ständigen Hörern gelesen wurde.
Die historisch-philologische Fakultät der Universität Petersburg hatte vorzügliche Professoren und ein hohes Studenten-Niveau. Manchmal saß in einem fast leeren Auditorium der Professor, vor ihm saßen zwei Studenten; dieses Grüppchen war die vorderste Front der Wissenschaft.
Gut besucht waren die Vorlesungen von Professor Platonov, der Mitglied der Akademie war. Ich erinnere mich an seine ruhige, durch nichts in Erstaunen zu versetzende Stimme eines Mannes, der sich ein liberales, talentiertes Allwissen zugelegt hatte.
Einmal passierte folgendes. Der Student V. Šilejko, Übersetzer der altbabylonischen Dichtung über die Werke und Taten König Gilgameschs, hatte vergessen, fünfundzwanzig Rubel Hörgeld zu zahlen. Die Kanzlei im Untergeschoß schloß ihn automatisch aus. Die Folge war, daß man die ganze Fakultätsabteilung schließen mußte.

Die Universität besaß große Philologen, wie den Ägyptologen Turaev, den Sinologen Alekseev, den Mongoleiforscher Bartold, es gab viele Kenner, arbeitsame.

Die Universität gab uns viel, obwohl die Arbeit in den zahlreichen Seminaren nicht sonderlich gut organisiert war. Ich erinnere mich an den schwarzbärtigen Semën Afanasjevič Vengerov, einen Empiriker und Bibliographen, der alles auf Karteizettel schrieb. Er nahm immerzu neue Editionen in Angriff, die nie zuendegeführt wurden.

Vengerov ließ berühmte Schriftsteller und sogar Studenten Fragebögen zu ihrer Biographie oder wenigstens über ihre Lebensziele ausfüllen. Er war der erste, für den Gorkij eine Autobiographie verfaßte.

Semën Afanasjevič verstand, daß Literatur von vielen gemacht wird. Sie ist das Werk aller, und es steht noch nicht fest, wer der erste seiner Epoche sein wird. Deshalb muß man auch die noch nicht berühmten und sogar die vergessenen Autoren studieren.

Auf dem Gebiet der Altphilologie arbeiteten mehrere hervorragende Forscher und Herausgeber von Primärtexten der antiken Literaturen. Der berühmteste, aber nicht der bedeutendste von ihnen war der beredsame und weißhaarige Faddej Zelinskij, ein Rhetor mit vorzüglichen Gesten, Besitzer eines dichten, sich um Wangen und Kinn legenden Bartes, der den uns von einer Statue her wohlvertrauten Bart des Sophokles zu kopieren schien.

Faddej Francevič Zelinskij war ein vorzüglicher Kenner der griechischen und römischen Literatur, aber er projizierte seine Weltanschauung in die Antike hinein. Sein Stil war pompös, wie das späte Jesuitenbarock oder der Stil von Vjačeslav Ivanov.

Er war hochmütig und korrigierte die Übersetzungen von Innokentij Annenskij nicht im Kommentar, sondern gleich in der Zeile. Die Korrekturen, die Zelinskij mit verblüffendem Selbstbewußtsein machte, wurden nicht einmal vermerkt: genauso wie es Zeus nicht für nötig hielt, den Regen, den er über Griechenland niedergehen ließ, mit seiner Unterschrift zu versehen.

Zelinskij selber war ein aus Inspiration flacher Dichter – diesem Umstand verdankte er seine geradezu unmenschliche Selbstgewißheit. In seinen gar wohlgewandeten theoretischen Büchern versicherte er, eine Schule ohne Latein sei ein soziales Verbrechen, und der Gymnasiast trüge seine Uniformmütze »Von Gottes Gnaden«.

Dieser Professor war Nietzscheaner in Beamtengestalt. Er glaubte an den Überbeamten, der das klassische Gymnasium absolviert hat und dadurch jenseits von Gut und Böse steht.

Zahlreicher waren unter den Professoren die Liberalen, die an den glücklichen, nie aussetzenden Lauf der Epochen glaubten.

Die Zukunft, bereits mit einem minutiösen professoralen Kommentar versehen, stand für sie, in täuschend scharfen Umrissen, am Ende des Universitäts-Korridors.

Im Erdgeschoß veranstaltete Professor Batjuškov, ein begabter, aber etwas zum Dilettantismus neigender Mann, einen Abend zu Ehren des Dichters Balmont. Balmont hatte üppiges rotes Haar. Von Wuchs war er klein. Er las oft Originaltexte, war aber selber ein Vogel ohne Nest.

Jetzt saß er, mit dem Gesicht zum Fenster, an einem langen akademischen Tisch, der mit gediegenem grünen Tuch bedeckt war.

Man lobte ihn des Langen und Breiten, sagte, er hätte die Dichtung vieler Völker für die Russen entdeckt, ihn selbst nannte man den Großvater der neuen russischen Poesie.

Ein Greis nach dem anderen erhob sich, um, nicht ohne Würde, seine Lobrede zu halten.

Da stand der Dichter auf und streckte seine Hand mit den dünnen rosigen Fingern in Richtung Fenster aus.
Hinter dem Fenster rauschten verfroren die Baumreihen in der Universitätsgasse.
Balmont sprach mit hoher und schöner Stimme:
»Man nennt mich hier Großvater, aber ich bin ein undankbarer Großvater, ich erkenne euch nicht als meine Nachkommen an. Ihr sucht die Poesie in der Vergangenheit, in den Übersetzungen, ihr sucht die Poesie in der Poesie. Dabei ist sie dort auf der Straße, da drüben ...«
Und der Dichter streckte noch einmal den Arm aus und zeigte auf das Gelände jenseits dieser akademischen Hallen.
In der Tat war die Poesie hinter diesen Fenstern, aber sie war nicht auf dieser Straße.
Die Fassade der Universität stand an einer verödeten Sackgasse und vermochte es nicht, sich der Neva zuzuwenden, nicht der Revolution eines Blok und Majakovskij.

I. A. Baudouin de Courtenay, Mitglied der Krakauer Akademie

Ich bin kein Linguist, was ich bereue und bis an den Tod bereuen werde. So will ich denn als Literat über die Linguistik schreiben und versuchen zu verstehen, was uns ein großer Gelehrter gegeben hat und was von ihm entgegenzunehmen ich außerstande war.
Baudouin de Courtenay gab der Zukunft keine Rätsel, sondern Aufgaben auf.
Ich gehe nicht wie zu einer Prüfung: seine Prüfungen waren leicht. Er stellte zwar schwierige Fragen, aber er wunderte sich nicht über die Ignoranz. Er grämte sich über die Scheingelahrtheit von früher, über die Schrammen, die

die Fesseln der klassischen Philologie und die übertriebene Lesewut auf dem Leib der Sprachwissenschaft hinterlassen hatten.

Ihn erstaunte, daß die Menschen über dem Buch das Leben der Sprache übersahen, über dem Wort: den Gedanken.

Die hölzerne Schloßbrücke quietscht mit geteerten Kähnen und fest gewundenen Tauen. Ich will noch einmal zurückblicken.

Das Echo der Erinnerung drückt das Wachsen der Einsicht aus.

Ich sehe ein Ding so, wie ich es in der ersten Wahrnehmung sah, und sehe ihm zugleich, indem ich mich umblicke, auf den Rücken.

Jenseits des Flusses stehen grau die Mauern der Peter-Pauls-Festung. Die Nadel der Peter-Pauls-Kathedrale spiegelt sich bereits das dritte Jahrhundert golden in der Neva. Die graue Mauer der Festung schneidet mit ihrem vertrauten Schatten die goldene Spiegelung ab.

Linkerhand, hinter den beiden vielbögigen Brücken, sieht man dunkelrot die Ziegel eines großen Gebäudes, das sich über der grünen Böschung am fernen Nevaufer erhebt. Über dem Gebäude blitzen Kreuze: es ist ein Gefängnis. Diese Kreuze gaben dem Gefängnis auch den Namen: *Kresty*.

Links der Festung, neben der Einmündung der Kleinen Neva und den Börsensäulen, sieht man hinter Zoologischem Garten und Raritätenkabinett den roten Komplex der Universität Petersburg. Die Universität ist so lang wie ein professorales Bücherbrett, das in zwölf Sektionen unterteilt ist. Hier lehrt Baudouin de Courtenay. Zunächst betitelte man ihn als Privatdozenten, später war er lange Zeit Extraordinarius.

Der Begründer der neuen Schule in der Linguistik zog

lange von einer westlichen oder russischen Universität zur anderen: heimatlos, berühmt und extraordinär.
Der Titel eines Ordinarius galt in puncto Honorar und Einfluß viel mehr. Ordinarius wurde Baudouin im Jahre 1901.
Extraordinär war das ganze Geschlecht der Baudouins. Polnisch ist es erst seit dreihundert Jahren.
Die Baudouins, die sich für Prinzen von Geblüt hielten, zogen lange von Land zu Land.
Professor Baudouin de Courtenay stammte von den Kreuzrittern ab, er ist ein Nachfahre des Königs Balduin von Jerusalem, der im Jahre 1107 den russischen Pilger Daniil überaus freundlich willkommen hieß.
Dann wurde Jerusalem von den Muselmanen zurückerobert. Nach zahlreichen Gefechten zerstreuten sich die Kreuzritter in alle Winde. Es verging noch viel Zeit, bis die Baudouins nach Polen kamen. Ihr Sproß Ivan Alekseevič wurde 1845 in Radzimin bei Warschau geboren.
Als er während seiner Lehrtätigkeit in Kazan die Nachstellungen der Polizei, die ihn nach seinen Verbindungen und seiner Herkunft ausfragte, gründlich satt hatte, ließ sich der Professor folgende Visitenkarte anfertigen:
»I. A. Baudouin de Courtenay. König von Jerusalem.«
Das ist ein anspruchsvoller, echt polnischer Witz.
Baudouin war ein großartiger Linguist. Er beschäftigte sich mit Fragen der allgemeinen Sprachwissenschaft am Material der slavischen Sprachen. Er war kein Kosmopolit, doch da er die Völker liebte, betrachtete er sich den Regierungen gegenüber als exterritorial.
Er tendierte zur Befreiung vom Buch im Namen der unmittelbaren Beobachtung der lebendigen Sprache.
Die Sprache eines Volkes besteht aus einzelnen »Sprachen« der sprechenden Menschen, wie ein Wald aus Bäumen. Während aber der Baum für sich allein wachsen

kann, redet der Mensch, um verstanden zu werden. Das Wort wird ausgesprochen, damit es gehört wird. Es ist ein Signal für einen anderen Menschen. Selbst ein He! setzt einen Zweiten voraus, der sich danach umdrehen kann. Der Mensch besitzt eine innere Rede, aber er spricht deshalb, weil die Menschheit spricht.
Baudouins Interesse galt der Sprache von heute in allen ihren Äußerungen, es galt der zeitgenössischen Literatur, darunter auch den Futuristen. Die Linguisten Lev Jakubinskij, Evgenij Polivanov, Sergej Bernštejn, Sergej Bondi, David Vygodskij waren Schüler Baudouins. Ich bekam den Professor zu Gesicht, als er ein alter Mann von etwa fünfundsechzig Jahren war, klein, weißhaarig. Er las mit hoher Stimme, kam manchmal ins Stottern. Doch der Hörer hatte den Eindruck, daß Baudoin nicht stottert, sondern daß er sich über jene Dinge wundert, die sich ihm just in diesem Augenblick entdeckt hatten.
Seine Absicht, das in der Analyse Zergliederte in der Theorie wieder zu vereinigen, vermochte Baudouin nicht zuende zu führen. Seine dem Umfang nach eher dummen Bücher sind prall voll mit Beobachtungen, wie ein Eisenbahnzug. Die Gedanken alias Fahrgäste füllen die Abteile, hängen zwischen den Waggons, hängen an den Trittbrettern. Nicht alle fuhren immer in die gleiche Richtung.
Es gab auch solche, die den falschen Zug erwischt hatten.
Die alte vielhundertjährige Philologie erwuchs aus der Erforschung der alten Sprachen, aus der Kommentierung toter Sprachen. Das verlieh ihr Präzision, förderte nicht nur das Wissen, sondern auch die Kunst, in fremde Gedanken einzudringen. Grundbedingung dafür war eine sorgfältige Arbeit im Text. Aber das klingende Wort, das Wort als Gedanke, geriet darüber in Vergessenheit; der Buchstabe, die Textseite schoben sich davor.
In seinen Vorlesungen analysierte Baudouin nicht Bücher,

sondern das, was in ihm, in uns und zwischen uns war: die gesprochene Rede als ein Vehikel des Gedankens und der Kommunikation.
Da das Wort für ihn etwas zwar Kompliziertes, zugleich aber etwas Präzises, jedenfalls etwas Begrenztes war, wies er zunächst darauf hin, daß nicht jede Klangverbindung schon ein Wort ist. Er erwähnte die sogenannte Glossolalie, das heißt: das vermeintliche Sprechen diverser Sprachen, dessen sich einige mystische Sekten, darunter auch die Urchristen, rühmten. In den Sendschreiben der Apostel und in der Apostelgeschichte ist davon vielfach die Rede, manchmal im Tone des Vorwurfs.
Es handelt sich dabei um ein pathologisches Phänomen, das jedoch einige Züge des Gewöhnlichen in zugespitzter Weise aufzeigt.
Der Professor widersprach der scheinbar so harmlosen Behauptung, daß Worte aus Klängen bestehen. Nach dieser vorbereitenden Reinigung formulierte Baudouin seinen Hauptbegriff, den des Phonems.
Heute wird das Phonem definiert als ein Einzelklang der Rede einer bestimmten Sprache oder eines Dialekts, in seiner Eigenschaft als Mittel der Unterscheidung.
Baudouin schrieb im Jahre 1914: »Es gibt nicht den ›Klang‹, sondern das Phonem, als die psychische Quelle des Klanges, die auf Grund einer Reihe homogener akustischer Eindrücke entstanden ist.«
Das Phonem ist ein Zeichen des Umgangs, es entsteht als das Resultat einkalkulierter homogener Signale bei der Aneignung einer Sprache. Das Wichtigste an Signalen ist ihr Unterschied, der im System berücksichtigt werden kann; er fußt auf der Unerläßlichkeit einer nie aussetzenden Orientierung der Menschen, die einander mit Informationen versorgen. Deshalb kommt es bei jedem Signal vor allem darauf an, was es vom anderen Signal unterscheidet:

wenn beispielsweise zwei Länder Flaggen in den gleichen Farben haben, so lassen sich diese Flaggen nur durch die Anordnung der Farbstreifen unterscheiden.

In seinen lithographierten Vorlesungen pflegte Baudouin die Signale dadurch graphisch zu erhärten, daß er ein Schwein mit erhobenem und eines mit gesenktem Schwanz zeichnete; er kombinierte Signale. Er zeichnete zum Beispiel erst einen Hund, dann ein halbrundes Tor mit zwei Schnörkeln an den Seiten. Der linke Schnörkel war eckig: das war ein Bajonett; der rechte Schnörkel stellte den Schwanz des Hundes dar.

Der Professor schlüsselte die Darstellung folgendermaßen auf: ein Tor, ein Bajonett statt eines Soldaten, ein Hundeschwanz statt des Hundes. Hierbei wurde die Bedeutung des Kontextes für die Aufnahme der Information unterstrichen. Baudouin sagte:

»Eine Darstellung, und mag sie noch so unvollkommen sein, führt den Betrachter *von selber* auf die Vorstellung des Gegenstandes hin, das heißt: auf jene Vorstellung, mit der sie (die Darstellung, genauer: die Vorstellung von der Darstellung) auf Grund einer gewissen Übereinstimmung assoziiert wird.«

Ich will ein eigenes Beispiel hinzufügen. Wenn wir die Mitteilung aufschlüsseln, die uns ein geschlossenes oder geöffnetes Bahnsignal gibt, dann kommt es uns auf den beweglichen Teil der Signalanlage an, während die Signalstange bloß eine Hilfsfunktion erfüllt.

Wenn wir die Veränderungen des Wortes verfolgen, müssen wir auf die Veränderungen jener Elemente achten, die die Veränderung der Bedeutung tragen.

Nicht nur Worte, auch poetische Begriffe lassen sich nur im Zusammenhang ihrer Struktur erkennen. Das Wort »Wechselwirkung« hielt bereits Hegel, in seiner *Enzyklopädie*, für ein leeres Wort.

Das Bajonett des Wachsoldaten beinhaltete für den Bewohner des damaligen Petersburg unfehlbar die Assoziation der Festung.

Unter der Festung rollte ihre Wasser
Die unübersehbare Neva ...
Das Bajonett ist hell, es weinte die Turmuhr ...

So beschreibt Aleksandr Blok, in seinem Poem *Vergeltung*, den Weg auf die Inseln: er konfrontiert die erotisch-alltägliche Gewöhnlichkeit mit der staatlichen Gewöhnlichkeit und verwirft die damalige Liebe wie den damaligen Staat insgesamt.

Auf der stillen Mochovaja-Straße befand sich die Tenišev-Lehranstalt. Diese Schule eiferte englischen Vorbildern nach.

Es gab dort einen großen Hörsaal mit Separateingang. Im Saal fanden Vorlesungen, Konzerte und sogar Theateraufführungen statt.

In der Osterwoche des Jahres 1914 führte hier das Studio Mejercholds *Die Unbekannte* und *Die Schaubude* von Blok auf.

Die Straße war wenig belebt. Der Saal hatte sein Stammpublikum, hauptsächlich Studenten und Schüler. Hier trat wiederholt Majakovskij auf. Kornej Čukovskij hielt Vorträge über Nat Pinkerton oder die Verbickaja.

In jenem Sommer war Čukovskij mit den Futuristen befreundet, interessierte sich für Majakovskij und Chlebnikov, fuhr mit Vasilij Kamenskij auf Repins Datscha, die *Penaten*.

Vasilij Kamenskij – damals jung – trug ein Gedicht über das Einschlafen eines Säuglings vor. Die Worte verheddern sich in der Wiege, sie prallten aufeinander, eines das andere durchdringend.

Das Gedicht gefiel Repin. Er sagte, gleichsam zur Selbst-

rechtfertigung: »Ein kleiner Junge schläft ein: das geht durchaus.«
Freilich liebten es die Futuristen, andere Leute zu epatieren, ihnen einen Schreck einzujagen, doch nicht alle und keineswegs immer. Majakovskij artikulierte im Epatieren politische Prophezeiungen.
Einmal versammelten wir uns alle im Tenišev-Saal. Čukovskij hatte die Absicht, einen wissenschaftlichen Vortrag über den Futurismus zu halten, auf den er sich sorgfältig vorbereitet hatte. Aber er verschob den Vortrag und ließ lieber ein Feuerwerk von Bonmots und Zitaten auf uns niedergehen.
Das Publikum ging gern mit. Zu allem Überfluß stellte sich Ilja Zdanevič ein, kräftig gewachsen, klein, kurzbeinig, in einer verschlissenen Hose und mit einer Zeichnung auf der Wange. Der anwesende Polizeioffizier in seiner gutsitzenden Uniform expedierte Zdanevič, unter zustimmenden Äußerungen aus dem Publikum, höflich hinaus, aber er kam wieder, ohne die aufrührerische Wangenzeichnung entfernt zu haben, und hielt eine kurze Ansprache, worin er darauf hinwies, daß die Damen ja schließlich Rouge auf ihre Wangen legen; er, Zdanevič, hielte solche Einfärbung für akademisch und sei deshalb Anhänger neuer unakademischer Methoden des Wangenschmucks.
Kručënych trat mit tragischer Geste auf und erschütterte das Publikum für einen Augenblick. Majakovskij attakkierte das Publikum wie ein Eisbrecher eine Packeisfläche. Er drückte die Eisschollen der Sitzreihen nieder; sie krachten auf im Applaus. Chlebnikov trat nicht auf.
Čukovskij war schon damals ein hochbegabter Journalist, über das Niveau des Kulturteils der damaligen Zeitungen war er bereits hinausgewachsen.
Čukovskij verstand Chlebnikovs Kunst, seine Meisterschaft

im Umgang mit dem Wort. Von Majakovskij war er, ohne es laut zu sagen, aufrichtig begeistert.
Aber er liebte es, wenn das Publikum direkt reagiert. Er warf Dutzende von Zitaten in den Saal und legte dann einen lustigen Tanz hin.
Rosig und aufgekratzt trat er nach seinem Vortrag auf Chlebnikov zu.
Der Dichter stand da, im schwarzen Gehrock, die Arme baumelnd.
Er blickte den freundlichen Glossenschreiber an und sprach, ohne Zuhilfenahme des Atems, mit den bloßen Lippen irgendein einziges tadelndes und verwundertes Wort.
Die traurigen Augen des Dichters, den tonlosen Vorwurf behielt ich in meinem Gedächtnis.
Ich wollte alles erklären, denn ich war jung. Ich schrieb das Buch *Auferstehung des Wortes*: eine winzige Broschüre, die in Korpus gesetzt war. Das Buch führte Glossolalien-Beispiele an: Wörter, Ausrufe, Klanggesten, die keinen Sinn haben, die manchmal das Wort gleichsam vorwegnehmen.
Dafür hatten damals die Kubofuturisten etwas übrig, die das *Wort als solches*, das Wort als Selbstzweck propagierten.
Diese Broschüre führte viele Äußerungen von Dichtern an, es brachte Beispiele von Lautspielen der Kinder, Beispiele aus Sprichwörtern und sinnlose Lautgebilde religiöser Sektanten.
Zwei Schüler von Baudouin de Courtenay, der einhändige Evgenij Polivanov, Experte für Koreanisch, ein Mann mit einem fast unermeßlichen linguistischen Wissen und einem wahnsinnigen Leben, sowie Lev Jakubinskij, ein ruhiger Mensch mit einer schönen Stirn, damals Baudouins Lieblingsschüler, zeigten Interesse für mein Buch.

Baudouin de Courtenay selbst forderte mich heraus: er veröffentlichte in der Beilage zu Nr. 49 der Zeitung *Der Tag* (1914) den Aufsatz *Wort und »Wort«* und in Nr. 56 den Aufsatz *Zur Theorie des »Wortes als solchem,« und des Buchstaben als solchen.*

Ich suchte Baudouin auf und schenkte ihm ein Exemplar meiner Broschüre. Ich sah die ärmliche, mit Büchern vollgestellte Wohnung. Eine zerzauste Armee von Büchern füllte die schlecht gestrichenen Regale. Hier ordnete sich auch mein dürres, in blaues Zuckerpapier gebundenes Büchlein ein.

Ich kündigte einen Vortrag mit Diskussion an, zum Thema *Das lebendige Wort.*

Natürlich im Tenišev-Saal.

Der kleine Saal wollte dem Studenten wohl, der seinen Vortrag in einem langen, nicht auf ihn zugeschnittenen Gehrock hielt. Dieser Gehrock war unverwüstlich wie ein Harnisch, er ersetzte mir, wie Don Quichotte, das lederne Wams.

Baudouin de Courtenay erhob sich und hielt, noch vor Beginn der Diskussion, eine Rede. Er sagte, gerade jetzt, zu Beginn des Jahres 1914, dürfe man Wort und Bedeutung nicht trennen, genausowenig wie Literatur und Leben.

Baudouin sprach in linguistischen Fachausdrücken, was ihn davor bewahrte, daß ihm der Polizeioffizier ins Wort fiel; er sprach von den Hintergründen der Sprachpolitik, sprach davon, wie fruchtlos und erbärmlich alle Versuche sind, nationale Minderheiten und deren Sprachen zu unterdrücken, er sprach von der Rache der Völker.

In diese Ausführungen streute er immer wieder Exkurse darüber ein, was die Sprache, was ein Phonem sei. Der Polizeioffizier machte mehrmals Anstalten sich zu erheben, aber er setzte sich jedesmal wieder hin.

Baudouin de Courtenay mußte eine Haftstrafe in den Kasematten der Peter-Pauls-Festung antreten, wegen einer politischen Strafsache.
In seiner Rede sprach er nicht nur von der nationalen Unterdrückung, er sagte auch voraus, daß das den verdienten Untergang des Reiches nach sich ziehen wird. Ihm stand ein Jahr in den Kasematten bevor, die so etwas wie die Hölle in Petersburger Ausführung waren. Vorerst waren dort jedoch alle Plätze belegt.
Baudouin entfernte sich, von Applaus begleitet. Ich ging ihm nach. In der Vorhalle verabschiedete er sich von mir mit den Worten, ich besäße mein eigenes Fenster, durch das ich auf die Welt schaue.
War der Professor in jenem Augenblick mit sich zufrieden? Diese Festung, geweiht durch die Hinrichtung der Dekabristen, berühmt als Haftort der Narodovolzen, war ein Mahnmal der Mannhaftigkeit. Der Gedanke, daß man in die Reihe der das Zarenreich Stürmenden aufgenommen werden soll, erfüllte den davon Betroffenen mit Stolz.
Doch Baudouin hatte in linksliberalen Blättern publizieren müssen. Er wurde ziemlich viel gedruckt; davon lebte er, davon kaufte er seine Bücher. Sein Universitäts-Salär reichte nicht aus.
Aus seinen Briefen wissen wir, daß er weiter sah als seine Kollegen von der Presse, daß er etwas anderes wollte als sie, daß er sie verachtete.
Wegen Überfüllung der Peter-Pauls-Festung mußte Baudouin de Courtenay sein Jahr in den Kresty absitzen, dem großen Gefängnis auf der Vyborgskaja Storona.
Er schrieb aus dem Gefängnis an Šachmatov: »... hier ist es genauso wie in dem großen Gefängnis, das sich moderner Staat nennt. Der Unterschied ist quantitativ, keineswegs qualitativ. Vermutlich ist es hier sogar in man-

cherlei Hinsicht besser. Alles ist klar, ohne Umschweife, ohne Heuchelei.«

Ausführlicher über die Futuristen

Zu Beginn seines Aufsatzes *Wie macht man Verse?* schreibt Majakovskij: »Die völlig unschuldige alte Poesie ließen wir natürlich fast ungeschoren ... Umgekehrt: indem wir die Denkmäler hin und herschoben und stürzten, zeigten wir den Lesern die Großen von einer ganz unbekannten, unerforschten Seite.
Kinder (und ebenso junge Literaturschulen) interessieren sich brennend dafür, wie das Papp-Pferd innen aussieht. Nach der Arbeit der Formalisten liegen die Innereien der Papierpferde und -elefanten offen zutage.«
Aber diese Sätze wurden 1926 geschrieben: von einem Mann, der seine Zeit und sich selbst begriffen hatte.
Es begann anders; obwohl in der Geschichte Anfänge schwer zu finden sind.
Vom Unterlauf des Dnepr kamen die Burljuks angereist. Sie hatten auf Tapetenpapier einen quadratischen Sammelband herausgegeben. Der Band hieß *Der Richterteich*.
Die Autoren waren, außer ihnen selber, Vasilij Kamenskij, Velimir Chlebnikov, Elena Guro.
Der Kreis dieser Autoren erhielt den Namen einer altgriechischen Kolonie am Dnepr – *Gileja*. Die Kolonie war längst verschwunden, doch die Burljuks bewährten sich als gute Nachfahren. Sie bewahrten den Namen.
Die Gruppe hatte sich gerade erst gebildet. Später bezeichneten sich ihre Mitglieder als *budetljanje* (vom Wort »budu«, ich werde sein) und veröffentlichten das Buch *Eine Ohrfeige dem öffentlichen Geschmack*. In diesem Buch

wurden erstmals Chlebnikovs Datenreihen publiziert. Unterstellt war, daß sich die Daten durch die Zahl 317 oder deren Mehrfaches teilen lassen. Die letzte Zeile sah so aus: »Ein gewisses 1917«.

Einmal, auf einem Vortragsabend, traf ich den stillen Chlebnikov im bis obenhin zugeknöpften Gehrock.

»Die Daten im Buch«, sagte ich, »bezeichnen die Jahre der Zerstörung großer Staaten. Sie sind der Meinung, daß unser Reich im Jahre neunzehnhundertundsiebzehn zerstört werden wird?« (Die *Ohrfeige* erschien im Jahre 1912.)

Chlebnikov erwiderte, fast ohne die Lippen zu bewegen:

»Sie als erster haben mich verstanden.«

Das Alte ging zu Bruch. Vieles ging auch in der Poesie zu Bruch.

Es kam zu einem Wechsel der Gattungen: die einen Dichter wandten sich nach dem Symbolismus der allereinfachsten Thematik zu, die unverbraucht war, weil sie bisher nicht als poetisch galt. An ihrer Spitze marschierten Michail Kuzmin und Anna Achmatova. Andere Dichter suchten den Weg zur Wissenschaft oder befaßten sich mit Dingen, die die gängige Ästhetik verwarf.

Seinerzeit waren Tredjakovskij und Lomonosov vom Kirchenslavischen abgerückt. Jetzt druckte der Dichter Vladimir Narbut ein Buch in kirchenslavischer Schrift und nannte es *Halleluja*. Das auf hellblauem Papier gedruckte Buch schien das Äußere gottesdienstlicher Bücher nachzuahmen. Es enthielt aber lauter Gotteslästerungen. Narbut sah sich genötigt, für einige Zeit nach Abessinien zu ziehen.

Die Dichter der *Gileja* fanden Gefallen an der antiästhetischen Thematik Rimbauds; zugleich verwendeten sie, wie beispielsweise Kamenskij, liedhafte Thematik.

Im Frontbereich gibt es eine Methode, sich von vorbei-

fahrenden Autos mitnehmen zu lassen. Sie heißt: »abstimmen«. Du hebst den Arm, der Wagen hält und bringt dich bis zur nächsten Abzweigung.
Majakovskij begegnete David Burljuk in der Schule für Bildhauerei und Architektur zu der Zeit, als die Malerei um eine neue Ästhetik kämpfte.
Majakovskij hatte eine Vergangenheit, von der er nicht sprach. Er war früh der Partei der Bolschewiki beigetreten. Man hatte ihn ins Moskauer Parteikomitee kooptiert; dann wurde er verhaftet; er saß im Gefängnis, aus dem Gefängnis sah er nur ein kleines Stück Moskau durch das Zellenfenster: ein Haus und das Schild eines Sargmachers.
Er betrachtete lange die Buchstaben auf dem Schild. Er wußte nicht, in welchen Zusammenhang sie gehören. Da er noch sehr jung war, fast ein Knabe, wurde er entlassen.
Das Haus, in dem Majakovskijs Mutter wohnte, stand wegen einer anderen politischen Strafsache unter Polizeiaufsicht. Als ich mit ihr bekannt wurde, war sie schon eine alte Frau; ich besuchte sie nach Majakovskijs Tod in der Wohnung in der Krasnaja Presnja. In ihrer ärmlichen Wohnung wollte sie nach dem Tode ihres Sohnes nichts verändern.
Majakovskij kannte die Entbehrung und das Gefängnis.

Mich lehrte man
in Butyrki das Lieben.
Was soll mir die Sehnsucht nach dem Bois de Boulogne?!
Was soll mir der Seufzer beim Anblick des Meeres?!
Ich habe mich
in das Bestattungs-Büro verliebt
durch das Guckloch von Zelle 103.

Nach dem Gefängnis gab es die Arbeitssuche und die Stiefel mit den »Ovalen der Löcher«.

Ich weiß ein Lied von solchen Löchern zu singen. Durch die verschlissene Schuhsohle spürt man das Trottoir.

Majakovskij vergaß die Löcher in den Sohlen nicht. Er hatte kein Zuhause, als er die Kunstschule besuchte, er wußte nicht, wo er sich die Hände waschen sollte. In der Schule gab es verschiedene Studenten. Die Reichen bedienten sich am Büfett, die Armen mußten sehen, wie sie daran vorbeikamen. Die einen trugen teuere Mäntel, manche anderen besaßen bloß eine Garnitur Leibwäsche und keinen Mantel.

Später, in seinen Versen, vollzog Majakovskij grimmig und poetisch die Teilung der Welt in Reiche und Arme.

Dieser schöne vielgequälte Mensch, der nicht wußte, wo er seine Hände waschen sollte, freundete sich mit David Burljuk an.

David schloß ihn ins Herz, wie eben ein Abenteurer zuweilen ein heimatloses Genie liebt, den Inhaber eines noch nicht entdeckten Königreichs. Er ging dem Genie im Havelock nach, suchte dessen Reich und verlor darüber sein Land.

Heute ist David Burljuk ein vernünftiger, kräftiger, angespannt lebender, arbeitsamer Geist. Im Verlauf der letzten vierzig Jahre hat er sich um keine zwei Wochen vorwärtsbewegt; aber er ist natürlich sehr gealtert.

Chlebnikov war für Burljuk gleichfalls ein völlig Fremder – er lag am Rande seines Interessenbereichs.

Velimir Chlebnikov wollte den Rhythmus der Geschichte begreifen.

David Burljuk liebte die Sensation und bemühte sich, Chlebnikov nicht so sehr verständlich als vielmehr zu einem Wunder zu machen.

Damit war Chlebnikov unzufrieden. Um von niemandem abzuhängen, um sich von der Habgier der Freundschaften zu lösen, verwandelte er sich in einen Wanderer.

Als er nach Persien kam, nannten ihn die Perser einen Derwisch.
Man staunte mehr über ihn als daß man ihn las. Er erläuterte still, viele seiner Worte seien keineswegs transmental; beispielsweise sei das Wort »zenziver« der Name eines Vogels. Er erzählte vom Wort, das sich aufteilen, das sich erneuern läßt. Die Snobs wollten von ihm Worte haben, mit denen man sich kratzen konnte.
Chlebnikov ist inzwischen in die moderne Poesie eingegangen und für viele verständlich geworden. Sein Werk fand Deuter, die sich zuerst bloß gewundert hatten. Man kann Chlebnikov nicht aus der Geschichte der Sowjetliteratur entfernen. Letzten Endes ist die Geschichte gnädig. Die Sonne brennt und zerstört das goldhaltige Erz. Das Erz verwandelt sich in Schotter und Sand. Dann kommt im Frühling das Wasser und wäscht den Sand aus. Das Gold wird freigelegt, der Dichter wird unentbehrlich.
Die Zeit, die es dazu braucht, ist gewöhnlich länger als ein Menschenleben.
Bis zur nächsten Weggabelung schienen alle den gleichen Weg zu haben. Hauptsache war die Ablehnung des Vergangenen.
In seiner Autobiographie von 1922 schrieb Majakovskij über das Jahr 1912: »In Moskau Chlebnikov. Seine stille Genialität war für mich damals völlig verdunkelt durch den sprudelnden David.«
Chlebnikov am nächsten stand Nikolaj Aseev. Diesen Dichter machte das Wissen um die Bewegung der Wortbedeutung groß. Er ließ diese Bewegung in Strophe und Zeile ein. Außerdem verwendete er die Intonation, um das bedeutungsmäßig und rhythmisch stärkste Zeilenzentrum zu verändern.

Nein, du bist alles andere als lieb,
Teuere sind nicht so ...

Hier kommt es auf das Wort »Teuere« an. Das ist ein Vorwurf, der indessen die Liebesbeziehung nicht aufhebt.

Der Vers ist keine Versammlung von Versfüßen; die Intonation organisiert einen neuen Rhythmus.

Aseevs Weg ist noch nicht zuende gegangen; viele Dichter setzen ihn fort. Auf der Rhythmisierung der Wortanalyse und der lebendigen Gesprächs-Intonation, auf Bedeutungssprüngen über Zeilenpausen hinweg, vermittels des rhythmischen Impulses, basieren die Stimmen mancher zeitgenössischer Lyriker.

Die gewöhnliche Umgangsrede ist nie voll ausgesprochen; dennoch ist sie verständlich: vom Tonfall, vom Wortgestus her. Aseev war der erste, der daraus bewußt ein poetisches Mittel machte.

Es gibt das rhythmische Dröhnen, von dem, jeder auf seine Weise, Majakovskij und Blok sprachen.

Es gibt den rhythmischen Impuls und die Aufgabe, sozusagen die Richtung der Bedeutungssuche, die sich ins Wort hinein zu belichten beginnt; bevor sie Wort wird, ist sie ein Schwarm von Worten.

Worte sind Verallgemeinerungen, Gedankenentwürfe, sie sind die Entwürfe der Schiffe, die ins Meer der Poesie fahren. Der Rhythmus unserer Kunst und unseres Schicksals wurde von der Revolution ausgedrückt und geschaffen.

Aleksandr Blok schrieb in seinem Aufsatz *Intelligenz und Revolution*: »Frieden und Verbrüderung der Völker – das ist das Zeichen, unter dem sich die russische Revolution vollzieht. Davon dröhnt ihre Flut. Das ist die Musik, die hören muß, wer Ohren hat zu hören.«

Wenn der Rhythmus der Geschichte nicht sofort mit dem Rhythmus der Poesie übereinstimmt, wird der Dichter verlegen.

Denken wir an Bloks Rede *Über die Bestimmung des Dichters*, die er am 11. April 1921, Puškins vierundacht-

zigsten Todestag, im Haus der Schriftsteller in der Bassejnaja-Straße hielt.
Blok war bereits krank. Leise sprach er davon, daß »in den grundlosen Tiefen des Geistes . . . Klangwellen gleiten, den Ätherwellen ähnlich, die das Universum umfangen: dort gehen rhythmische Schwankungen vor, den Vorgängen gleich, bei denen Berge, Winde, Meeresströmungen, Pflanzen und Tiere entstehen.«
Das ist gleichsam die Vorpoesie. Doch nun kommt die Inspiration. Jetzt geht es darum, »den aus der Tiefe gehobenen und der Außenwelt heterogenen Klang in eine feste und greifbare sprachliche Form zu schließen; Klänge und Worte müssen eine einzige Harmonie bilden. Das ist der Bereich der Meisterschaft.« Hier fungiert die Inspiration in einer anderen Rolle. Sie nimmt nicht nur den Eindruck auf, sie konfrontiert auch die Begriffe und erklärt sie. So bereitet Blok seine Zuhörer allmählich auf das Verständnis Puškins vor.
Die dritte Tat des Dichters besteht, Blok zufolge, darin, »die in die Seele aufgenommenen und zur Harmonie gebrachten Klänge in die Welt hineinzutragen«.
Anderenfalls gibt es weder Leben noch Poesie.
Für Majakovskij beginnt in seinem Aufsatz *Wie macht man Verse?* ein Gedicht mit der poetischen Materialbeschaffung. Dabei kann es sich um Themen und Motive handeln, etwa um den »Regen in New York« oder um den »Alten Mann in der Toilette der riesengroßen Gaststätte Gessler in Berlin«. Außerdem gibt es die Reimbeschaffung. Der Dichter notiert Reimwörter, jedoch das Gedicht als ein Ganzes wird aus dem rhythmischen Dröhnen geboren. Der Dichter schreibt: »Ich gehe hin und her, fuchtele mit den Armen, summe noch fast ohne Worte. Mal verkürze ich den Schritt, um das Summen nicht zu stören, mal summe ich schneller im Takt der Schritte.

So wird der Rhythmus gehobelt und geformt: die Grundlage eines jeden poetischen Werks, die als Dröhnen durch es hindurch geht. Allmählich beginne ich, aus diesem Dröhnen einzelne Worte herauszufischen.«

Weiter schreibt der Dichter: »Ich weiß nicht, ob der Rhythmus außer mir oder in mir existiert. Vermutlich in mir.«

»Das Metrum entsteht bei mir infolge der Deckung dieses rhythmischen Dröhnens mit Worten. Die Worte werden von der Zieleinstellung vorgeschoben (man fragt sich immerzu: ist es das richtige Wort? wem werde ich es vorlesen? wird es richtig verstanden werden?). Diese Worte werden vom höheren Takt, von den Fähigkeiten, vom Talent kontrolliert.«

Majakovskijs »Zieleinstellung« kommt Bloks »Einführung in die Welt« nahe, doch bei Blok ist die Welt bloß erkennbar, während sie bei Majakovskij vom Dichterwillen geschaffen wird.

Welt und Dichter sind der Funke, der aus dem Kontakt entsteht.

Sergej Esenin besaß einen großen Korb, wie er früher zur Aussaat und zur Aufbewahrung des Saatguts verwendet wurde. Der Sämann hängte sich den Korb über die Schulter, griff mit der Hand hinein und streute die Samen über den Acker.

Esenin bewahrte in dem Korb Pappzettel, auf denen Wörter standen. Manchmal verteilte der Dichter die Zettel über den Tisch.

Der Dichter sucht sich auf den Wegen des Wortes, in denen sich das Denken der Menschheit verdichtet hat.

Der Mensch lebt, um sich den richtigen Blick auf das Ding zu erwerben. Aber er darf den Ausgang zu den Menschen nicht verlieren; sonst verirrt er sich im staubigen Labyrinth der Selbstempfindung.

Der Mensch erkennt sich nicht, um mit sich zu reden, und nicht nur um über sich zu reden, sondern um mit den anderen zu reden. Nur so ist Selbsterkenntnis möglich.
Die Abfolge der Literaturschulen hängt mit der Veränderung der Aufgaben zusammen, die sich die Kunst stellt. Gleichzeitig gibt sich jede literarische Form, indem sie sich des allgemeinen Sprachdenkens bedient, ein Programm der Verwendung des allgemeinmenschlichen Denkens. Sie bestimmt die Bedeutung des Schönen, Ergreifenden, Nützlichen und Furchtbaren jeweils neu und gibt dem Wechselverhältnis der Bedeutungen, und das heißt: der Form, einen neuen Sinn.
Es lebte einmal ein alter akademischer Maler namens Čistjakov, bei dem einige große Maler in die Schule gingen. Er empfahl, die Formen des menschlichen Körpers beim Zeichnen den geometrischen Formen anzunähern: der Kugel, dem Kegel, dem Zylinder. Er sagte: baut die Form im Raum auf, tastet euch an sie über die Geometrie heran.
Nicht Čistjakov »erfand« den Kubismus, sondern verschiedene Künstler in verschiedenen Ländern fixierten das Übergangsmoment bei der Erkenntnis der Form, das Moment der Machtergreifung der Gesetze des Aufbaus der Form, des Betrachtens der Form aus verschiedenen Blickwinkeln.
Picassos Zeichnung fixierte den Empfindungsweg des Künstlers, der die Natur umgeht, der sie zerlegt, um sie später wieder zu versammeln.
Die Kubisten versuchten, den Weg dieses Aufbaus des Werkes zu fixieren.
Der Künstler vermag im Augenblick dieses Aufbaus das Bild als ein Wechselverhältnis von Farbgrößen zu sehen.
Verzichtet man dann noch aufs Lebensmaterial, so erhält man die abstrakte Malerei. Sie entstand in Rußland in den Jahren 1912–13 unter hungrigen selbstlosen Künstlern,

die niemandem ihre Bilder verkauften. Diese Künstler spekulierten nicht, sie suchten nach dem geraden Weg. Seither hat sich manches verändert, der Weg führte nicht zum Sieg, er ist voller Schlaglöcher: von den Wagenrädern der Epigonen.

Ich muß ausreden oder, genauer, meine Zweifel klären: warum ist das, was Rußlands linke Künstler vor fünfzig Jahren erfanden, heute in Amerika fast die offizielle Kunst?

Vor allem wurde in Amerika keineswegs das kanonisiert, was vor fünfzig Jahren verkündet worden war. Die abstrakte Kunst des Jahrhundertanfangs entstand gegen den Hintergrund der süßlichen bourgeoisen Gegenständlichkeit und war deren Negation. Sie wurde als Protest dagegen verstanden. Es wäre falsch, die frühe linke Kunst mit der realistischen zu identifizieren, aber nicht minder falsch ist die Verwechslung der linken Theoretiker von damals mit den heutigen Abstrakten.

Die Zeiten ändern sich – und mit ihnen die Bedeutungen.

In Rußland versuchten viele Theoretiker des ersten Jahrhundertviertels vom Abstrakten zum Realen zu kommen, von der transmentalen Sprache zur Theorie des Sujets, zur Geschichte, zum Verständnis der Bedeutung, zum Primat der Bedeutung über alle Elemente der Konstruktion.

Heute will man vom Wichtigsten loskommen, von dem, wofür die Kunst existiert: von der Welterkenntnis. Alle Zeichen jedoch sind sinnlos, wenn sie nicht ein Signal geben über das Leben des Menschen im All.

Abstrakte Kunst nach fünfzig Jahren, nach der Oktoberrevolution und dem Ende des Kolonialismus, in der Zeit der Weltraumflüge und der Abrüstungsgespräche bedeutet ein Abrücken von der Darstellung, von der Arbeit mit Bedeutungsgrößen.

Bezeichnenderweise sind die amerikanischen Massenillustrierten, wenn sie farbig sein wollen, schlicht und einfach bunt. Wenn Bilder wiedergegeben werden – man sieht das deutlich an den Reproduktionen der alten Meister – geschieht das, ohne daß die Farbe korrigiert wird. Die Farben beugen sich der gedankenlosen Buntheit der Reklame.

Das sind jene Konserven, die jedermann nähren sollen. Das ist bunt, das glänzt und riecht nach Lack. Das jedoch, was Kunst sein sollte, hat sich in Erinnerungen an die Abstrakten abgeschuppt. Was Weg und Suche war, um dessentwillen gehungert wurde, hat sich zu Mode und in die Buntheit der Krawatte verwandelt.

Wir drucken Bücher

Ich studierte schlecht, denn ich hatte viele andere Dinge zu tun. Wir hatten eine Gesellschaft zur Erforschung der Theorie der poetischen Sprache gegründet, die wir nach dem Modell der Abkürzungen der Kriegszeit *Opojaz* nannten.

Als ein Teilnehmer an dieser Bewegung kenne ich nicht das Ausmaß der Irrtümer und nicht das Ausmaß der Erfolge.

Als ein lebendiger Mensch habe ich nach vierzig Jahren mehr verstanden als ich damals verstand. Der *Opojaz* war ein Forschungsinstitut ohne Mittel, ohne Kader, ohne Hilfsarbeiter, freilich auch ohne den Kampf nach dem Motto: »Das hast du gesagt, das habe ich gesagt.« Wir arbeiteten zusammen, gaben unsere Entdeckungen einander weiter. Wir waren der Meinung, die poetische Sprache unterscheide sich von der Prosasprache dadurch, daß sie eine andere Funktion hat und daß ihr Hauptmerkmal eine Einstellung auf das Mittel des Ausdrucks ist.

Im *Opojaz* vereinigten sich einige Leute, die mit der Poesie Majakovskijs und Chlebnikovs verbunden waren, direkter gesagt: die Futuristen, mit jungen Philologen, die die damalige Dichtung gut kannten.

Was hat die akademisch eingestellten Schüler Baudouin de Courtenays den Futuristen zutreiben können, jenen Leuten, die sich manchmal seltsam kleideten und die immer seltsam redeten?

Die Analyse des Wortes und die Traditionsfeindlichkeit des Denkens.

Baudouins Schüler waren sozusagen hyperakademisch. Aus dem Hafen der Universität stachen sie in See, in der festen Überzeugung, sie hätten genug Navigationsgeräte dabei. Honorare wurden zunächst überhaupt nicht gezahlt; ein Drittel der Exemplare bekam der Autor. Die Auflage betrug sechshundert. Nach der Revolution wurde es besser.

Das Magnetfeld der Revolution veränderte unwillkürlich die Gedanken der Menschen, selbst wenn sie ihrerseits die Revolution gar nicht einprogrammiert hatten. Trotzdem verneinten sie ja die Vergangenheit. Es war unerläßlich, sich eine Möglichkeit des Verlegtwerdens zu schaffen.

Der *Opojaz* wurde während des Krieges, noch vor der Revolution, begründet. Zwei Sammelbände erschienen in den Jahren 1916–18. Einen Verleger hatten wir nicht. Wir verlegten uns selbst. Wir hatten Bekannte in einer kleinen Druckerei, die Visitenkarten druckte. Sie befand sich in dem Haus, wo mein Vater wohnte. Die Druckerei besaß wenig Lettern und keinen einzigen festangestellten Setzer. Die Setzer in dieser Druckerei wurden tageweise eingestellt. Ein Meister verliert seine Stellung und geht als Tagelöhner von einem Kleinunternehmer zum anderen. Er kommt am Dienstag, am Mittwoch, am Donnerstag, freitags ist keine Arbeit da, am Samstag macht er blau.

Zuerst wurde ein Druckbogen gesetzt und gedruckt, dann wurde der Satz aufgelöst, dann kam der nächste Bogen dran. So wurde es möglich, in der kleinen Visitenkarten-Druckerei Bücher zu drucken, die acht, zehn, zwölf Bögen dick waren, überdies in mehrsprachigen Lettern. Das professionelle Niveau war vorzüglich, Druckfehler kamen nicht vor. Die Setzer waren große Könner.

Wir setzten unsere Auffassung von Literatur den Theorien der Symbolisten – Brjusov, Vjačeslav Ivanov, Andrej Belyj – entgegen. Nach ihrer Theorie kam es beim Dichtwerk darauf an, daß es das Gefüge des Lebens in einen Schwarm von Entsprechungen verwandelt. Der Symbolist wollte nicht die Natur malen, sondern das, was die Natur vor ihm verbirgt. Er verlagerte die Lichtquelle und faßte den Schwarm der Schatten und Reflexe als die Offenbarung eines Geheimnisses auf. Für den Symbolisten war das »Geheimnis« nicht nur die Enträtselung der Welt, sondern selbst Welt, zumindest Eingang in sie. Der Schwarm der Symbole sollte die Aufdeckung eines verborgenen, transzendenten, geheimen, mystischen Lebenssinnes sein.

Zurück zum realen, exotischen, groben oder intimen Leben (weil das Intime nicht gar so verschlissen war) riefen die Akmeisten, aber nicht alle.

Wenn Anna Achmatova sagte: »Über die rechte Hand streifte ich den Handschuh von der linken«, so war das eine stilistische Entdeckung, denn bei den Symbolisten hatte die Liebe in einer Purpuraura zu erscheinen, hatte Weltverklärung, Offenbarung der Weisheit oder Entblößung der internationalen Banalität zu sein. Die Symbolisten behaupteten, es gäbe eine andere Welt: nicht als Mittel zur Erkenntnis dieser Welt, sondern gleichsam als Gegenwelt. Das galt als Grunddogma. Blok schrieb in seinem Buch *Über den Symbolismus*, in der Terminologie von V. Ivanov:

»Wenn es *ja* heißt, das heißt: wenn es diese Welten gibt, wenn das Beschriebene vorfallen konnte und vorgefallen ist (und daß es so ist, weiß ich natürlich sehr wohl), dann wäre es seltsam, uns in einem anderen Zustand zu sehen als dem, in dem wir uns jetzt befinden. Man legt uns nahe: singt, seid fröhlich und preist das Leben. Und dabei hat uns die lilafarbene Finsternis die Gesichter versengt und entstellt.«

Das alles war zitathaft und dogmatisch. Blok fuhr fort: »Sich ausgeklügelten Einfällen hinzugeben, bedeutet noch nicht: Künstler sein. Künstler zu sein bedeutet jedoch: dem Wind standzuhalten, der aus den Welten der Kunst herweht, aus Welten, die dieser Welt ganz und gar nicht ähneln, wenn sie sie auch entsetzlich beeinflussen. In jenen Welten gibt es weder Ursachen noch Wirkungen, weder Zeit noch Raum, weder Körper noch Körperlosigkeit. Die Zahl jener Welten ist Legion: Vrubel sah vierzig verschiedene Köpfe des Dämon; in Wirklichkeit sind sie ohne Zahl.«

In Wirklichkeit aber war das Leben selber die Hölle, in Wirklichkeit sind die besten Werke des Symbolismus durchaus real, ist Bloks Bildsprache trotz aller Zerrissenheit genau und beständig. Zum Beispiel in dieser Strophe aus einem Blok-Gedicht von 1910:

Im leichten Herzen: Leidenschaft und Sorglosigkeit,
Als sei mir vom Meer her ein Zeichen gegeben.
Über dem bodenlosen Abgrund in die Ewigkeit
Fliegt atemlos der Traber.

Hier ist die Vorstellungsweise durchaus nicht irrational – das ist ein Gedicht über die Liebe und eine Fahrt auf die Inseln, am Meer entlang. Die poetische Mehrdeutigkeit weitet die Beschreibung aus und läßt dahinter eine Reihe realer Entsprechungen, realer Bedeutungen erkennen, die Ziel eben dieser Beschreibung sind.

In der *Vergeltung* entfaltet der Dichter das gleiche Bild, indem er das Beständige und Verallgemeinernde metonymisch hervorhebt:

Und die gleichen Damen und Stutzer
Rasten hier auf die Inseln,
Und genauso gab durch kaum hörbares Lachen
Das Pferd dem Pferde Antwort,
Und der schwarze Schnauzbart, vermischt mit Pelz,
Kitzelte Augen und Lippen ...

In die Deichseln der Schnellfiaker waren elektrische Glühlampen mit Batterien eingebaut. In der Winterluft war der Kopf des Pferdes und sein Atem zu sehen. Der Schlitten war nachts nicht zu sehen, es schien, als lache das Pferd.

Diese Verschiebung in der Darstellung fällt dadurch noch schroffer aus, daß die genaue Beschreibung eines Kusses dieses Lachen begleitet. Blok schloß dieses Thema später in den *Zwölf* ab:

Der Schnee wirbelt, der Kutscher schreit,
Van'ka rast mit Katka dahin –
Das elektrische Lämpchen
Auf den Deichselchen ...
Ach, he! ..

Und weiter:

Ihr Gesicht ist nach hinten gekippt,
Die Zähnchen glitzern perlweiß ...
Ach du, Katja, meine Katja,
mein Dickschnäuzchen ..

Hier sehen wir das real existierende Bild in seiner folgerichtigen Entwicklung. Blok war eben nicht durch und durch Symbolist, er hat die Grenzen dieser Schule überschritten.

Ein Symbolist zielte bewußt auf das ab, was niemand anderer als Andrej Belyj recht unfreundlich »nevnjatica« genannt hat.

Die Anhänger des *Opojaz* versuchten, aus verschiedenen Phänomenen der sich entwickelnden Kunst allgemeine Gesetze abzuleiten. Sie selber nannten sich nicht »Formalisten«. Doch sie übersahen das hinter der Bildgestalt Existierende. Sie behaupteten nicht, daß es lilafarbene Welten gibt, aber sie behaupteten gewissermaßen, es gäbe nichts als das Gedicht.

Die Futuristen marschierten bunt durcheinander, sie wollten sehr Verschiedenes. Chlebnikov spürte große Erschütterungen voraus und versuchte immerzu, seine Vorgefühle mit Zahlen zu belegen. Er wollte den Rhythmus der Geschichte finden. Zugleich kämpfte er, im Namen des Lebens, gegen Fëdor Sologub.

Aleksej Kručënych suchte nicht einmal mehr Worte, die »einfach wie Gebrüll« wären, sondern sozusagen das Gebrüll als solches, genauer: die Klanggeste anstelle des Wortes.

Majakovskij ging mitten unter uns voran, blickte über unsere Köpfe hinweg in die Zukunft, um derentwillen er unsere Worte umbegriff.

Die Poetik der Symbolisten hatte zu einer Reihe höchst technologischer Beobachtungen geführt, aber sie war immer drauf und dran, sich aus seiner Poetik in eine Einführung in die Geheimniskunde zu verwandeln.

Die Akmeisten schufen keine eigene Poetik.

Der *Opojaz* stand den Futuristen am nächsten, aber eigentlich nur in seinem Anfangsstadium. Er wendete sich bald allgemeinen Fragen des Stils zu und versuchte überdies, die Gesetze der Stilabfolge aus den Bedürfnissen der Form als solcher abzuleiten.

Man glaube nicht, daß wir vom *Opojaz* damals einer Zeit, die voller revolutionärer Erwartung und voller Glauben

an die Revolution war, konservativ, bewußt konservativ gegenüberstanden, uns vom Leben hätten abschließen wollen. Zuvörderst wollten wir das neue Wesen des Lebens erblicken. Wir wollten das Ungewöhnliche im Gewöhnlichen erkennen, statt an die Stelle des Gewöhnlichen Ausgeklügeltes zu setzen.
Ihren politischen Überzeugungen nach waren die Leute vom *Opojaz*, wie sich in den ersten Jahren der Revolution herausstellen sollte, im großen Ganzen Anhänger des Oktober. Boris Kušner war Kommunist, Evgenij Polivanov, Lev Jakubinskij, Osip Brik wurden zu Kommunisten, Jurij Tynjanov arbeitete in einer Zeit als Übersetzer im Komintern, als der Großteil der Intelligenz streikte, Boris Ėjchenbaum arbeitete im Staatsverlag und schuf eine neue Textologie, eine neue Einstellung zum Willen des Autors, die dessen Absichten wirklich an den Leser bringt.
Alle diese Leute lebten das neue Leben mit und erinnerten sich nicht ans alte.
Was soll ich über mich sagen?
Marx und Engels las ich später.
So ging es vielen Menschen meiner Generation.
Ich war auch kein Linguist, bin durch keine streng wissenschaftliche Schule gegangen.
Ich war ein junger Mensch jener Jahrzehnte, ein Mensch der unverzüglichen Entschlüsse und eines unermüdlichen Tatendurstes.
Es kam die Revolution. Davon später. Aber schon hier will ich von Lenin schreiben.

Krieg

Alle erwarteten den Krieg, keiner glaubte an ihn.
Manche hielten es für möglich, daß er ausbricht, rechneten

aber nicht damit, daß er länger dauern würde als drei Monate.

Er begann im Sommer 1914.

Die ersten Buchstaben des Wortes »Ende«, am Ausgang des Russischen Reiches, sind durch die Hitze und Dürre jenes Sommers bezeichnet, als das Schwelende in Flammen aufging.

Siebenundvierzig Jahre sind seither vergangen. Es fällt mir schwer, mich genau daran zu erinnern, wie ich in den Kriegsdienst ging oder geriet. Als Student war ich einstweilen zurückgestellt worden, aber ich war bereits dreiundzwanzig, hatte nur wenige Prüfungen abgelegt.

Ich war der Sohn eines getauften Juden, hatte kein Recht, Offizier zu werden, und ging in eine Automobil-Kompanie.

In einer solchen Kompanie diente Majakovskij. Er konnte nicht Offizier werden, weil er politisch unzuverlässig war.

Zuerst kam ich in die Werkstätten an der Petrogradskaja Storona. Ich arbeitete in den engen Betonkabinen, wo die Wagen standen. Ich richtete etwas her, schlug mir mit dem Hammer auf die Finger, kurzum: ich tat irgendwas, anfangs mehr schlecht als recht.

Ich absolvierte einen Lehrgang für Automobilisten. Ich arbeitete, als Gemeiner, bei Ingenieur Lebedev im Labor des Polytechnischen Instituts.

Ich war ein überflüssiger Mensch, weil als Soldat schlecht verwendbar. Zweimal fuhr ich an die Front, um dort Wagen abzuliefern. Unterwegs fuhr ich nachts in den Straßengraben.

Es schneit, der Schnee wirbelt im trüben Licht der Azetylen-Scheinwerfer. Ich schlafe ein ... Lange Zeit hatte ich daraufhin Angstträume, daß ich am Steuer einschlafe.

Der Krieg zog sich hin. Ich erinnere mich an einen Zug österreichischer Kriegsgefangener durch die Straßen von Lemberg. Die Passanten riefen ihnen zu: »Skont? Skont?« (»Woher?«) Sie erwiderten: aus Przemyśl. Przemyśl war gerade gefallen, aber bald rollte die Front zurück.

Ich erinnere mich an den Berg Kosmačka, an die Schützengräben an seinem Fuße, an die mürrischen, schweigsamen, schlecht bewaffneten Soldaten, an unsere schweigsamen Geschütze.

Die Front wurde grau in grau eingekleidet. Es fehlte an Tuch, die Uniformmäntel waren aus Baumwolle und wattiert. Die Hosen waren wattiert und gesteppt: alles zweite und dritte Qualität.

Der entscheidende Punkt aber war, daß jedermann die für den Krieg Verantwortlichen für absolute Stümper hielt. Niemand glaubte der Regierung. Man sprach nicht etwa über Rasputin und den Verrat, man erwähnte diese Dinge einfach im Gespräch, als etwas allgemein Bekanntes.

Ich kehrte nach Petrograd zurück: als Instrukteur im Unteroffiziersrang an der Schule für Panzerwagenfahrer.

Die Schule befand sich an der Vladimirskaja-Straße. Sie war nicht schlecht, der Unterricht war gut aufgebaut. Es gelang tatsächlich, einem Beinahe-Analphabeten das Hängewerk und das Zündungssystem verständlich zu machen. Noch heute begegne ich, wenn auch selten, einem meiner Schüler.

Noch lange betrachtete ich mich als Chauffeur und Instrukteur. Aber das ist lange her, ich werde nicht davon reden.

Ich lebte vorwiegend zu Hause.

Ein Soldat hatte das Recht, Straßenbahn zu fahren, aber nicht im Wageninneren, sondern auf der Plattform. Das war gar nicht so einfach, denn die meisten Männer waren einberufen. Wir verrammelten die Plattform und zogen uns den Haß der Städter zu. Die hielten uns für Etappenhasen, sehr zu Unrecht übrigens. Ein Soldat blieb nur sehr kurz in der Etappe; es wurden immerzu neue Kompanien aufgestellt und in Marsch gesetzt.

Durch die Stadt durften wir nur bis acht Uhr abends gehen. Während der Arbeit, während des Unterrichts fühlte ich mich ganz wohl. Dann begann das Bewußtsein der eigenen militärischen Überflüssigkeit und das Bewußtsein, daß der Krieg ganz anders verläuft als er müßte.

Agitiert wurde in den Einheiten wenig. Zumindest gilt das für meine Einheit, wo ich die ganze Zeit mit den Soldaten verbrachte: von fünf Uhr früh bis zum Abend.

Doch die Revolution war beschlossene Sache. Man wußte, daß sie kommt, man mutmaßte, daß sie sich nach dem Krieg ereignet, der mit einer Niederlage enden wird. In den Etappeneinheiten gab es kaum Leute, die hätten agitieren können, Parteimitglieder waren hier sehr selten. Offenbar waren die Bolschewiki alle an der Front oder in den Fabriken. Die bolschewistische Agitation ging behutsam und im Verborgenen vor sich. In den Garagen sah ich allerdings Gruppen von Bolschewiki.

Die Intellektuellen im primitivsten Sinn des Wortes, das heißt: alle Leute, die ein Mindestmaß an Bildung hatten, und sei es bloß vier Klassen Gymnasium, wurden zu Offizieren befördert und benahmen sich (ich meine die Garnison Petrograd) nicht besser, vielleicht sogar schlechter als das Berufsoffizierskorps.

Ich war nun Ausbilder, man brauchte mich, ich kannte mich gut in Automobilen aus. Trotzdem bekam ich manchmal Karzer, sogar schweren. So ein Karzerraum war ein Verschlag aus ungehobelten Brettern. Aus ebensolchen Brettern bestand die Pritsche; eine Matratze gab es nicht. Die Tür wurde verschlossen, durch eine Öffnung in der Tür bekam man das Essen gereicht. Den Bestimmungen nach gab es jeden zweiten Tag warmes Essen. Diese Vorschrift wurde freilich nicht genau eingehalten, denn die Wachmannschaft bestand aus meinen Schülern. Dennoch konnte ein solcher Arrest (die amtliche Bezeichnung war: »gemischter« Arrest) durchaus einen Menschen brechen. Die Obrigkeit preßte uns in ihrer Hand zusammen; doch die Finger dieser Hand begannen zu erstarren.

Unterdessen amüsierte sich Petrograd und wurde reich am Krieg.

Die Kaserne unserer Einheit lag am Nevskij-Prospekt. Nachts zogen Scharen von Prostituierten daran vorbei. Seltsam daß es in einer Stadt, aus der die Männer exportiert wurden, so viele käufliche Frauen gab. Vermutlich lag es daran, daß sich jeder, der nur wollte, dem Militärdienst entziehen konnte. Man ließ sich uk stellen oder wurde Militärbeamter. Man arbeitete für die sogenannte »Verteidigung«. Das war der Grund, weshalb es in der Etappenstadt Petrograd Männer zur Genüge und allerlei Lustbarkeiten gab.

Die Kasernen zogen sich an der Sapjornaja-, an der Kiročnaja-, der Tavričeskaja-, der Zacharjevskaja- und der Špalernaja-Straße entlang.

Ich erwähne die Topographie, um zu zeigen, daß das Taurische Palais, der Sitz der Duma, inmitten von Kasernen stand und deshalb zum Zentrum des Aufstands wurde.

Ende Februar platzte den Wolhyniern eines nachts die Geduld. Auf Verabredung stürzten sie sich auf das Kommando *Zum Gebet!* zu ihren Gewehren, liefen auf die Straße, stellten in der Nähe der Kaserne Patrouillen auf und einen Sperrposten auf der Litejnyj-Brücke.

Die Duma sah sich vom Aufstand umzingelt. Irgendwer steckte das Bezirksgericht in Brand.

Die Panzerwagen waren entwaffnet, außerdem hatte man, auf Befehl von oben, die Vergaser entfernt: die Zarenregierung mißtraute den technischen Truppen. Jedoch in der Panzerwagenschule auf dem Vladimirskij-Prospekt gab es zu Lehrzwecken Vergaser und andere Ersatzteile, außerdem Waffen. Mit meinen Fahrschülern schaffte ich alles in die Kovenskij-Gasse. Wir komplettierten einige Wagen und machten sie einsatzbereit, nachdem wir den Raum besetzt und die Telephondrähte durchgeschnitten hatten. Die Sache kam dadurch ins Stocken, daß jemand Wasser in den Benzintank eines der Wagen goß. Daraufhin schickten wir ein Personenauto aus, damit es noch einen weiteren Panzerwagen zu uns schleppt.

Seit dem Losschlagen der Wolhynier waren zwei Stunden vergangen. Gegen Morgen waren die Panzerwagen fahrbereit und fuhren Richtung Nevskij-Prospekt ab. Über die Straßen wirbelte Papier.

Einige Polizeireviere standen in Flammen.

Die Februarrevolution geschah – sie wurde nicht organisiert. Die Soldaten verließen ihre Kasernen, die zwischen der Bassejnaja-, der Litejnaja-Straße, der Neva und dem Suvorov-Prospekt lagen, und zogen Richtung Taurisches Palais.

Den breiten Hof zwischen den niedrigen Seitenflügeln des mächtigen Palais' füllten sich rasch verschiebende Gruppen, Scharen und Formationen von Menschen in grauen Uniformmänteln. Inmitten von ihnen ragte auf seinen eng auseinanderstehenden Rädern die große gepanzerte Kiste eines *Harford* empor. Dieser Wagen hatte eine doppelte Steuerung, eine vordere und eine hintere, und besaß zwei Geschütze. Den *Harford* befehligte ein alter Bekannter von mir, Fähnrich Dolgopolov. Er war mit der Tochter von M. Andreeva verheiratet, ich kannte ihn gut.

Ich erfuhr, daß einer unserer Panzerwagenfahrer, Fëdor Bogdanov, heute nacht gefallen war. Er war mit seinem Wagen unterwegs. In der Morskaja-Straße beschoß ihn

ein Maschinengewehr, das in einem Keller stand. Die Kugeln durchsiebten den Kühler und töteten den Fahrer. Er war ohne Schutzschild gefahren.
Die Musen und Erynnien der Februarrevolution jagten durch die Stadt: mit Soldaten vollbeladene und beklebte Lastwagen, die wer weiß wohin fuhren, die ihr Benzin wer weiß woher hatten, die irgendwas wer weiß wofür taten. Eine bürgerliche Revolution ist eine leichte, blendende, unverläßliche, fröhliche Sache. Widerstand wurde kaum geleistet.
Ich weiß nicht mehr, warum ich einmal im Technologischen Institut übernachtete. Am frühen Morgen, ich schlief noch auf meinem Pelzmantel, kam eine Frau angerannt. Sie weckte mich und sagte:
»Scheiden Sie mich von meinem Mann!«
»Ich bin Unteroffizier und Panzerwagen-Kommandant. Ich habe einen Wagen und fünf Untergebene. Wie soll ich Sie scheiden?«
»Aber es ist doch Revolution«, erwiderte die Frau. »Ich bemühe mich schon so lange darum.«
Meine ganze Mannschaft dachte über den Fall nach und faßte den Entschluß, die Frau zu scheiden. Wir gaben ihr eine Bescheinigung, daß sie im Namen der Revolution geschieden sei. Wir drückten einen Stempel des Chemielabors drauf (einen anderen hatten wir nicht). Die Bittstellerin hatte auf einem Stempel bestanden.
Lärm erfüllte die Stadt. Die Wagen stießen zusammen, überschlugen sich, fuhren irgendwo auf.
Welch ein Tag! Welche Schlaglöcher unter den Rädern der Automobile! Welch ein Glaube! Welche Freude!
Wie blind war ich! Ich hatte keine Ahnung von politischer Strategie. Ich verstand nicht nur nicht, was morgen sein wird, ich wußte nicht einmal, wie ich mir dieses Morgen ohne Zaren wünschen soll.

Die Revolution war fast unbewaffnet. Die Maschinengewehre, die man nach Petersburg schaffte, hatten ungefüllte Stopfbüchsen. Das waren Magazinwaffen, keine Kampfwaffen. Die MGs waren wie Brennholz auf Lastwagen aufgeschichtet, die Gestelle wurden gesondert transportiert. Als die Provisorische Regierung den Zaren nach England ins Exil schicken wollte, umstellte unsere Garnison die Bahnhöfe mit Maschinengewehren. Sie standen im Schrittabstand, aber selbst jetzt waren sie immer noch nicht in Kampfbereitschaft gebracht.

In den Pavlogradskij-Kasernen und auf dem Marsfeld tauchten agitierende Arbeitei auf, die sogar in den Kasernen übernachteten. Das waren die ersten Bolschewiki, von denen ich erfuhr und die ich sah.

Bald darauf wurde der Erste Mai festlich begangen; es war die erste Maifeier nach der Februarrevolution.

Der März und April waren warm. Da niemand die Straßen räumte, gab es überall Schneehaufen und Pfützen, und in den Pfützen blauen Himmel. Lustige weiße Wolken sprenkelten die reflektierte Himmelsbläue.

Alle gingen mit Fahnen auf die Straße hinaus. Die Fahnen waren dick mit Malfarben eingefärbt, die Plakate waren klein, sehr bunt und lustig. Dutzende von Parteien, alle mit roten Fahnen. Nur eine Fahne war schwarz. Sie gehörte zu einer kleinen mürrischen Schar von Anarchisten. Alle anderen sahen sie scheel an.

Die Massen marschierten, Bogen um die Pfützen schlagend.

Alle demonstrierten mit. Ich erinnere mich an einen kleinen Trupp Frauen. An seiner Spitze ein mit einer roten Schärpe geschmückter Reiter. Der Reiter war ungeschickt, das Pferd trat mit der Seite auf. Dann kam eine Fahne mit der Aufschrift: »Das Frauen-Etappengefängnis grüßt die Revolution!«

Alles wurde noch von einem Wind getrieben. Die Straßen waren randvoll mit Volk überschwemmt, als flösse zwischen steinernen Ufern ein langsamer schwarzer Menschenstrom mit dem roten Schaum der Fahnen.

Nachts ist alles schwarz oder grau. In den letzten Jahren der Zarenmacht waren sich alle einig, daß diese Macht vernichtet werden mußte. Wenn der Morgen anbricht, treten die Farben hervor. Die Blätter werden grün, der Himmel wird blau, die Sonne rot. Nach dem Sturz der Selbstherrschaft wurde die Welt bunt. Es stellte sich heraus, daß die Menschen Verschiedenes wollten, verschiedene Ziele anstrebten. Die Zeit der Provisorischen Regierung war sehr schnell abgelaufen. Sie setzte den Krieg fort, konnte aber nicht sagen, wofür sie den Krieg führt; sie konnte den Bauern das Land nicht geben. Sie hatte nicht die Absicht, die Fabriken und Zechen zu nationalisieren. Sie wollte und konnte nichts entscheiden. Kerenskij war laut und unverständlich. Die Räte erstarkten. Die Zeit bedurfte einer neuen Sinngebung. Die gab Lenin.

Lenin

Zur Panzerwagenabteilung gehörten viele Arbeiter: Schlosser, Dreher. Sie hatten bolschewistische Zellen gebildet. Auch in den Werkstätten auf der Petrogradskaja Storona gab es Bolschewiki. Von dort kam der Panzerwagen, der Lenin am Finnländischen Bahnhof empfing.

Unsere Fahrermannschaft war unter dem Einfluß der Einjährig-Freiwilligen für eine Fortsetzung des Krieges, die Mannschaft der Garage in der Michajlovskij-Manege schwankte.

Lenin kam in die Manege (heute befindet sich hier das Winterstadion). Die Manege war ein riesengroßer Raum, in den durch Fenster, die bis zum Fußboden reichten, beiderseits schwaches Tageslicht drang; die Fenster waren sehr staubig. In diesem Raum standen Panzerwagen: zweitürmige *Austins*, eintürmige *Lanchesters*, schwere kanonenbestückte *Harfords* und andere Modelle. Wir bezogen sie alle aus dem Ausland, unsere Bewaffnung war uneinheitlich.

Hierher kam Lenin. Das war am 15. April 1917.

Man hatte die Seitenwand eines Lastwagens heruntergeklappt. Den Wagen umstanden Menschen, die ihre Ellbogen gegen die Ladefläche stemmten. Die Menschen blickten zu Lenin hinauf.

Ich sah einen nicht sehr hochgewachsenen, breitschultrigen Mann. Lenin hatte die Mütze abgenommen. Ich sah, daß er rotes Haar und eine hohe Stirn hatte.

Die Leute, die zusammen mit Lenin gekommen waren, hatten ihm den Mantel und gleichzeitig das Jackett ausgezogen. Ich sah Lenins mächtigen Brustkorb und die festen Hände eines körperlich sehr starken Menschen.

Lenin zog das Jackett wieder an und begann, von den Aufgaben der Revolution zu sprechen. Er sprach ruhig, kam allmählich in Fahrt. Es war, als wenn ein großer Vogel mit dem Wind fliegt, gleichsam als dessen Anführer. Bei uns pflegt man große Menschen unglücklich, leidend, in tragische Widersprüche verstrickt darzustellen: als sei Größe ein schweres Leiden. Lenin sah ich zweimal zu Massen sprechen.

Ich sah: dieser Mensch ist glücklich. Er wußte, was er will, wußte, was sein wird. Der langerwartete Tag der Revolution war angebrochen. Die Menschen, die die Revolution machen, befinden sich vor Lenin. Die Revolution hat die Menschen ergriffen. Sie ist ihr Werk. Sie wird für sie gemacht. Man muß ihnen ihre eigenen Interessen klarmachen. Man muß ihnen von ihnen selber erzählen, davon, wie sie morgen sein werden. Das war für Lenin ein Vergnügen. Er sprach zusammenhängend und einfach. Der gleiche Gedanke kehrte in Kreisen wieder, wurden immer ruhiger und offenkundiger. Das war eine Rede gegen den Weltkapitalismus, eine Erläuterung, warum sich die Arbeiter organisieren müssen. Hier gab es keinerlei Geheimnis zwischen dem Redner und den Zuhörern. Der Redner wollte nur eines: daß man ihn versteht.

Er bewegte sich auf der Ladefläche, wandte sich zur einen, dann zur anderen Seite. Er hatte eine hohe Stimme, die leicht schnarrte; seine Diktion war denkbar klar. Ich weiß nicht, ob es angebracht ist, das zu sagen, aber ich sage es doch: für mich, den Studenten, war in Lenin noch ein anderer Mensch sichtbar: der Professor. Als er ausgeredet hatte, stieg er vom Lastwagen herunter und setzte sich auf eine Bank. Eine Frau sprach ihn an, er stand auf und zog die Frau ins Gespräch, ohne zu merken, daß er steht. Dann schrieb er etwas in sein kleines Notizbuch. Dabei kehrte er dem Auditorium den Rücken zu, was ihn keineswegs genierte. Er war ein Mensch bei der Arbeit, er war, wiederhole ich, ein Vogel im Flug. Er war ein sehr glücklicher und weitsichtiger Mann. Glücklich machte ihn nicht das Heute, sondern das kommende Jahrtausend.

Die Jugend geht zu Ende

Über die Zeit – nicht über mich

Vor fünfundvierzig Jahren veröffentlichte ich das Buch *Revolution und Front.* Von der Universität ist darin nicht die Rede. Im Leben liefen der *Opojaz* und die Fahrten an die Front parallel. Ich dachte, die Front sei gleich vorbei. Ich werde jenes Buch nicht wiederholen, aber ich kann nicht umhin, die Lage zu umreißen.

Ich kehrte nach Petrograd zurück. Ich sprach im Petrograder Sowjet. Ich sagte, die Armee sei schwer getroffen: noch vor der Revolution.

Ich schaute mir Petrograd an. Ich sah, wie der rechte Flügel der Provisorischen Regierung den linken einschüchterte und wie sich beide zusammen vor den Bolschewiki fürchteten. Daran nahm ich nicht teil. Als stellvertretender Kommissar fuhr ich wieder an die Front.

Ich fasse mich sehr kurz. Man versetzte mich nach Persien. Dort hatten wir eine kleine Armee stehen, die sich mit den von Mossul hermarschierenden Engländern vereinigen sollte.

In Kurdistan kam es zu einigen Begegnungen zwischen Kosaken und englischen Einheiten. Die Engländer unterhielten hier kleine, aber gut ausgerüstete Aufklärungseinheiten.

Zwischen uns und den Türken lagen die Berge. Die Türken besaßen kaum Truppen; und die Askeren verspürten keine Lust, mit uns Krieg zu führen.

Eines Tages kam ein Türke in den russischen Graben. Er sagte: »Wir liegen schon ein halbes Jahr lang euren Einheiten gegenüber. Heute Nacht werden wir durch Araber abgelöst, die euch nicht kennen. Die Kameraden lassen euch ausrichten, ihr sollt eure Köpfe nicht zeigen und nicht ohne Deckung zum Wasserholen gehen. Die Araber könnten euch sonst töten. Mit der Zeit werden auch sie sich an euch gewöhnen, aber es sind unerfahrene Leute aus entlegenen Orten.«

Um nachts, vor dem Abmarsch in die Etappe, an den Gegner zu denken, muß man ein freundliches Verhältnis zur russischen Revolution haben.

Doch zuerst will ich sagen, wie ich an die Front kam.

Der von der russischen Grenze kommende Zug fuhr mit Mühe steil bergauf. Wie Fetzen von Fuchsfellen leuchteten gelb die Eichen an den Berghängen.

Der Zug brachte mich an den Urmiasee. Dieser See ist sehr lang: etwa einhundertfünfunddreißig Kilometer. Die Breite beträgt ungefähr fünfzig Kilometer. Der Salzgehalt: zwanzig Prozent, so daß es dort keine Fische gibt. Das Ufer ist, in einer Breite von fünf Kilometern, Salzboden.

Über dem See fliegen Flamingos. Sie sehen weiß aus. Unter den Flügeln sind sie aber rosa, und beim Auffliegen erwecken sie den Eindruck der Heiterkeit.

Ein kleiner Kutter schleppte einige Lastkähne über den See, der salziger war als Tränen.

Am anderen Ufer empfing mich ein Einjährig-Freiwilliger. Er begann sofort darüber zu klagen, daß man ihn als Telegraphisten hierhergeschickt hatte und daß er vor Langeweile umkomme.

»Warum hat man Sie hergeschickt?« fragte ich.

Er erwiderte:

»Ich habe getötet. Man hatte keine Zeit, mich abzuurteilen.«

Er war der Meinung, der Posten eines Telegraphisten und eines zeitweilig diensthabenden Kommandanten am Urmiasee sei eine zu schwere Sühne für einen Totschlag. Getötet hatte er nicht im Gefecht.

Hinter dem See liegen die verschlissenen Straßen der Perser. Die kleinen Flüsse zischen auf den Steinen wie ein Spirituskocher. Nachts leuchtet ein wahnsinniger Mond.

Die Schatten der Steilbögen der vor tausend Jahren zerstörten Brücken sehen aus wie die Gänsefüßchen, zwischen die das Wort »Persien« gesetzt ist.

An die persische Front geriet ich im Spätherbst. Es wurden frische Formationen hierhergeworfen, die man in Zuchthäusern rekrutiert hatte. Sie hatten ihre eigenen Traditionen. Es wurde sehr schwer.

Es war schwer, die kurdischen Dörfer und die Kurden zu schützen. Ich sah den Kolonialkrieg. Ich werde ihn jetzt nicht beschreiben. Ich träume von ihm.

Es gibt die einstöckige Stadt Urmia. Satte Kubankosaken in schwarzen Pelzen reiten auf ausgemergelten Pferden vorbei und blicken ruhig nach beiden Seiten. Es lärmen die erschreckten, aber geschäftigen Bazare. Es marschieren die lokalen Nationaltruppen der Assyrer.

Im fünften Jahrhundert gab es die Häresie des Nestor, Patriarch von Konstantinopel, der die Göttlichkeit Christi nicht anerkannte. Die Häretiker wurden zerschmettert. Sie flohen nach Persien, bildeten dort Proselyten. Einige Völkerschaften des semitischen Stammes, die mit den Juden verwandten Aramäer, wurden zu Nestorianern. Sie waren damals ziemlich kultiviert, dienten den Mongolen als Beamte. Tamerlan zerschlug sie und jagte sie in die kurdischen Berge. Dort sah ich die Reste eines Stammes, der das zweite Jahrtausend der Verfolgung erlebte.

Dieser Stamm ist den Kurden feindlich gesinnt. Bewaffnet waren die Aissoren mit alten französischen Gewehren. Unterstützt wurden sie von der alten russischen Regierung, von den Amerikanern, von den Franzosen. Hier war

alles verschlungen, wie sich in der Erde die Keimhäute der Pilze verschlingen.
In Persien führte die Armee nicht Krieg. Hier stand sie Gewehr bei Fuß. Es gab hier Straßendämme, denen es nicht beschieden gewesen war, voll aufgeschüttet zu werden. Spuren irgendwelcher Pläne des russischen Imperialismus, die dann aufgegeben worden waren. Reiches Land, alte Kultur, Armut. Manchmal lud der verschreckte Gouverneur den russischen Kommissar zu sich ein. Ärmlich gekleidete Diener warfen uns Blumen vor die Füße.
In Rußland war die Oktoberrevolution ausgebrochen. Vor uns stand die Aufgabe, die Armee irgendwie aus Persien herauszuführen. Die Armee, das heißt: die Leute. An einen Abtransport der Waffen und Versorgungsgüter war kaum zu denken.
Man mußte dafür sorgen, daß die Etappeneinheiten mit ihren Heuvorräten nicht abziehen oder weglaufen; mit der Armee waren nämlich Pferde, Ochsen und Kamele aus dem Kaukasus und Transkaukasien hierhergeschafft worden. Der an die Front führende Saumweg war etwa vierhundert Kilometer lang. Unterwegs fraßen sich die Karawanen fast ganz auf, das heißt: die mitgeführten Lebensmittel dienten als Fourage.
Ich habe in Persien wenig ausgerichtet. Vielleicht habe ich wenigstens nichts Schlechtes getan. Mein Herz wurde in diesem Land zerrieben: so wie die zottigen Füße der Kamele die steinige Straße zerreiben. Die Kamele, so schien es mir damals, schreiten unlustig aus, mit ihren schweren Beinen schlurfend. Ihre Glocken tönen. So ziehen sie dahin, mit Wollstricken aneinander gefesselt, mit schweren Lasten beladen. Ich fühlte mich als Kamel und als Straße zugleich.
Ich fuhr heim. Die Armee setzte sich bereits ab. Sie rollte den steilen Abhang Persiens hinunter, zurück Richtung

Kaukasus. Die Züge fuhren so schnell, daß die Felsen als Striche vorbeihuschten.
Wir fuhren an Baku vorbei. Die Bevölkerung baute für uns Schutzwälle aus Lebensmitteln auf, damit wir nicht in die Stadt hineingingen. Wir fuhren an Daghestan vorbei. Die Kosaken zogen aus ihren Dörfern zur Bahnlinie, baten uns um Hilfe im Krieg gegen die Bergvölker oder boten uns ihre Waffen zum Verkauf an.
Jeder Mensch hat sein Maß an Leid, sein Maß an Müdigkeit. Ist er ganz mit Leid angefüllt, so kann man noch einen Eimer Leid auf ihn schütten: er wird es nicht mehr aufnehmen. Ich verlor alle meine Mandate und alle Kameraden. Ich reiste auf dem Dach eines Eisenbahnwaggons, in eine Zeitung gewickelt. So kam ich nach Rußland. Hier wurde es leichter. Man konnte sprechen.
In Petersburg begegnete ich Gorkij und den Freunden vom *Opojaz.*

Der ›Opojaz‹ nach der Oktoberrevolution

Anfang Dezember kehrte ich von der persischen Front zurück.
Der *Opojaz* hatte nach der Oktoberrevolution einen Stempel und ein Siegel bekommen und war als wissenschaftliche Institution registriert worden.
Osip Brik und ich kümmerten uns um die Publikationen.
Wir hatten viele Schüler im Institut für die Geschichte der Künste am Isaaksplatz, im Institut für das lebendige Wort (es befand sich neben der Öffentlichen Bibliothek), teilweise auch in der Universität. Wir arbeiteten jetzt akademischer. Administrative Schwierigkeiten wurden uns nicht bereitet. Wir diskutierten unablässig über die Grundlagen des literarischen Schaffens. Ich spitzte den

Streit zu. Ich versuchte, allgemeine Fragen zu lösen, baute Brücken vom einen Faktum zum anderen, ließ Wichtiges aus, behauptete Unzutreffendes. Diese Periode wurde nach zwei, drei Jahren dadurch abgeschlossen, daß die Führungsgruppe zum *Lef* stieß, das heißt: hauptsächlich zu Majakovskij.

Der *Lef* war von einer glühenden Leidenschaft bewegt: vom Wunsch, an der Schaffung eines neuen Lebens teilzunehmen.

Seltsam war, daß eine Zeitschrift, an deren Spitze Majakovskij stand, die Bedeutung der Kunst und insbesondere der Poesie abzustreiten versuchte.

Die Zeitschrift druckte Majakovskij, Aseev, Pasternak, Tretjakov, Kirsanov und andere bekannte Dichter, sie lehnte aber die Poesie und Malerei ab, zugunsten der Zeitung und des Design.

Eine Zeitschrift, die gegen die Kunst auftrat, druckte also nicht nur Gedichte, sondern auch Aufsätze über Dichtung, war mit Mejerchold, Ėjzenštejn und der neuen Architektur verbunden.

Verbunden war der *Lef* auch mit dem *Opojaz*, dessen ganze Arbeit der Kunst gewidmet war.

Ein alter Mann des *Opojaz* war Lev Jakubinskij. Ich bin kein Linguist und folglich nicht kompetent genug, Jakubinskijs wissenschaftliche Tätigkeit zu analysieren. Überdies arbeiteten wir nur einige Jahre zusammen, allerdings mit hoher Inspiration.

Jakubinskij war nicht nur Baudouins Lieblingsschüler, sondern auch jemand, der den Empirismus des alten Gelehrten überwinden wollte. Er wollte die Rede als einen Teil des Lebens begreifen. Er strebte Verallgemeinerungen an und kam auf schwierigen Wegen zum Marxismus.

Im *Opojaz* versuchte er, die verschiedenen Funktionen der

Sprache gegeneinander abzugrenzen. Er wies nach, daß die klangliche Seite der *Sprache der Poesie* anders organisiert ist als diejenige der Sprache in ihrer poetischen Funktion.

In der vom *Opojaz* im Jahre 1919 herausgegebenen *Poetik* formulierte Jakubinskij seine Gedanken folgendermaßen: »Im verssprachlichen Denken bewegen sich die Klänge ins helle Bewußtseinsfeld hinein. Im Zusammenhang damit entsteht ein emotionales Verhältnis zu ihnen, welches seinerseits die Verfestigung einer gewissen gegenseitigen Abhängigkeit von Vers*inhalt* und Versklang nach sich zieht. Letzterer Vorgang wird gleichfalls durch die Ausdrucksbewegungen der Sprechorgane gefördert.«

Diese Schlußfolgerung revidierte zugleich die Einstellung zur Artikulation des poetischen Wortes. Jakubinskij führte dafür eine Reihe von Beispielen aus verschiedenen Sprachen und verschiedenen Poetiken an. Eine seiner interessantesten Arbeiten war die Analyse der Äußerungen Gogols über kleinrussische Lieder.

Jakubinskij entfremdete sich schon früh dem *Opojaz*. Er arbeitete lange mit Marr zusammen und hielt in Leningrad Vorlesungen über allgemeine Sprachwissenschaft ab. Dann brach er mit Marr, er beschloß, eine marxistische Sprachwissenschaft aufzubauen. Er mußte einen schweren Kampf führen und wurde lange nicht gedruckt.

Er machte die Blockade Leningrads mit, erkrankte an Platzangst und starb im Zustand der Depression. Seine Arbeiten wurden fünfzehn Jahre lang nicht gedruckt. Unlängst hat man sie herausgegeben; in den Anmerkungen wird manches darin für veraltet erklärt.

Boris Ėjchenbaum begegnete ich vor über fünfzig Jahren in der Sapërnyj-Gasse.

Dieser schöne und elegante Privatdozent wußte damals nicht, welches schwierige Leben ihm bevorsteht.

Vieles haben wir zusammen durchlebt. Vieles hat er klar zuendegedacht. Vieles habe ich für ihn verwirrt. Er schrieb eine Arbeit über Gogols *Mantel* und zeigte darin die bedeutungsmäßige Gewichtigkeit des »skaz«.
Ėjchenbaum schrieb, daß »die Grundlage des Gogolschen Textes der skaz ist, daß sich sein Text aus lebendigen Rede-Vorstellungen und Sprech-Emotionen aufbaut. Mehr als das: dieser skaz hat nicht nur die Tendenz, einfach zu berichten, einfach zu sprechen; vielmehr gibt er die Worte mimisch und artikulatorisch wieder – die Sätze werden nicht nach dem Prinzip der logischen Rede ausgewählt und verkettet, sondern eher nach dem der expressiven Rede, in welcher der Artikulation, der Mimik, der Klanggestik ein besonderes Gewicht zukommt. Daher rührt das Phänomen der Klangsemantik in seiner Sprache: die Lauthülle des Wortes, sein akustischer Wert wird in Gogols Sprache bedeutsam, unabhängig von der logischen und sachlichen Bedeutung.«
Man darf nicht vergessen, daß ich gewissermaßen die Folgerungen zitiere. Bei Ėjchenbaum kommt es aber vor allem auf die Systematisierung des Materials an, das nicht nur auf die Folgerungen hinführt, sondern auch eine Berechtigung der Folgerungen gestattet. Die Bedeutung der Sprachform des skaz ist überaus groß. Ėjchenbaums Interesse wurde vielleicht auch dadurch gefördert, daß die sowjetischen Prosaiker jener ersten Entstehungsjahre der Sowjetprosa sich gern dem skaz zuwandten. Die damaligen Prosawerke hatten zumeist einen charakteristischen Erzähler, dessen Ausdrucksweise vielfach auf das Sujet einwirkte. Der Autor sprach sich aus, indem er die Denkweise seines Helden wiedergab, der gleichsam als Zeuge in eigener Sache auftrat.
Ėjchenbaums Arbeit *Wie Gogols ›Mantel‹ gemacht ist* wurde im Jahre 1919 veröffentlicht. Sie hat manches in

Gogols Stilistik aufgeklärt und wohl auch im Aufbau vieler Prosawerke der Gogolzeit. Ėjchenbaums Abhandlung läßt sich nicht aus der sowjetischen Literaturwissenschaft eliminieren. Wenn man an die überaus bedeutsamen Arbeiten Viktor Vinogradovs denkt, muß man, meines Erachtens, dennoch darauf hinweisen, daß sie nicht nur später entstanden als Ėjchenbaums Abhandlung, sondern daß ihre Mittel der Analyse überdies mit jenen Ėjchenbaums zusammenhängen. Allerdings verschwimmt bei Ėjchenbaum hinter dem skaz der Held. Die Klangsignale und der ganze Klangbau drücken hier nicht mehr das Wesen des Menschen und sein Verhältnis zu seiner Umgebung aus. Dabei ist doch die Ausdrucksweise des Akakij Akakijevič kein Selbstzweck und Ersatz für das Sujet. Sie ist das sprachliche Mittel des Sujets.

Der Mensch ist einem solchen Druck ausgesetzt, daß er nur noch murmelt. Diese skaz-Manier wird noch dadurch betont, daß die hohe Autorenrede periodisch wiederkehrt. Der Autor ist im Werk immerzu anwesend. Er bewahrt für den Leser sozusagen die Sujet-Beziehung zum skaz. Er bewahrt das Mittel zur Analyse des skaz.

Bei Ėjchenbaum ist der Titularrat Akakij Akakijevič hingegen im skaz eingesperrt: wie in der Peter-Pauls-Festung.

Dabei ändert der Titularrat vor seinem Tode seine Ausdrucksweise: er beginnt zu fluchen. Gogol erwähnt das freilich nur, er zitiert nicht; doch letzteres hätte sich die Zensur zur Zeit Nikolaus' I. verbeten. Die jugendliche und herausfordernde Arbeit Ėjchenbaums ist über ihre Absicht hinausgeraten. Sie hat allen das Analysieren beigebracht, denn die Folgerungen werden in ihr nicht von außen herangetragen, sie werden in der Analyse geboren. Erweisen sich diese Folgerungen auch oft als irrtümlich, so verhilft doch die Analyse dem Leser dazu, die Folgerungen zu überprüfen und das Richtige vom Falschen zu scheiden.

Wenn wir die Flugbahn eines Pfeils in unendlich kleine Abschnitte zerlegen, können wir scheinbar beweisen, daß sich der Pfeil in jedem dieser Augenblicke nur an einem einzigen Ort befinden kann. Daraus können wir schließen, daß sich der Pfeil überhaupt nicht bewegt; denn Bewegung ist Übergang von einem Ort zum anderen. Wenn wir ein Werk in lauter stilistische Einheiten zerlegen, können wir beweisen, daß dieses Werk nirgendwohin unterwegs ist. Aber das ist falsch.

Das Sujet des *Mantels* besteht von Anfang an nicht nur im Aufzeigen eines zermalmten Menschen mittels Imitation seiner Sprechmanier, sondern im Aufbegehren dieses Menschen.

Das früheste der handschriftlichen Konzepte des *Mantels* heißt: *Geschichte vom Beamten, der einen Mantel stiehlt.* Es stammt aus dem Jahre 1839. Damit beginnt das Werk, dafür ist es geschrieben.

Der Übergang von dem Eingeschüchtertsein zur Aggression, die sich gegen die Reichen und Wohlbestallten richtet: das eben ist der Widerspruch im Sujet.

Genauso verändert sich in Dostoevskijs *Armen Leuten* Makar Devuškin, und mit ihm sein Stil. Er selber schreibt in einem Brief: »Jetzt bildet sich auch meine Sprache aus.«

Boris Ėjchenbaum nahm eine überaus interessante Arbeit in Angriff. Er sah Dinge, die vor ihm niemand gesehen hatte. Doch infolge der Fehler des *Opojaz* trug er seine Beobachtungen falsch in der Landkarte ein.

Die Sache wurde nicht bis zu ihrer Negation fortgeführt, das heißt: bis zu einer neuen Bejahung der Einheit von Form und Inhalt.

Bei der Analyse der Fehler eines Menschen ist das Bitter-

ste nicht, daß man sieht, wie falsch sein Weg war, sondern daß man sieht, warum er nicht ans Ziel kam.
Ich kam deshalb nicht ans Ziel, weil ich meine Einstellung zur Welt falsch bestimmte. Das was uns Zeit, Jugend und Talent in die Hände legten, wurde infolge philosophischer Irrtümer nicht zuendegeführt.
Wir trugen Boris Ėjchenbaum auf dem entlegenen Friedhof der Vyborgskaja Storona zu Grabe inmitten kahler Birken, auf denen über den Anbruch des Winters besorgte Krähen saßen.
Bei ihrem Anblick entsann ich mich einer Stelle aus dem *Igorlied:* »Jenes Heer bedeckten die Vögel mit ihren Flügeln und die Tiere leckten das Blut auf.«
So heißt es über eine Niederlage.
Wir sind schuld daran, daß wir uns auf unserem Wege verirrten.
Es werden neue Gefechte kommen. Die sowjetische Literaturwissenschaft wird sich des Wesens der Kunst bemächtigen: nicht bis zum Ende des Horizonts, sondern bis zur Vollendung der Erkenntnis.
Ich schreibe nicht von den Sterblichen, nicht von Niederlagen, nicht vom Schmerz, sondern von den kommenden Siegen der Jungen.
Ėjchenbaum ging über sein Frühwerk hinaus, er schritt darüber hinweg, er lernte es negieren. Er war ein Suchender, ein Mann der durch keine Voreingenommenheit getrübten großen Aufmerksamkeit.
Er brachte uns eine neue Auffassung vom jungen Tolstoj bei, er zeigte, was Belinskij für Tolstojs Entwicklung bedeutete, wie sich in Lermontov die Epoche der Dekabristen mit den Gedanken der ersten utopischen Sozialisten über die Veränderung der Gesellschaft verbindet.
Er verstand es, Worte zu lesen, das Schweigen zu lesen.
Er las von den sich bewegenden, aber stummen Lippen

der Helden eines anderen Zeitalters gleichsam den Klang ab. Er hielt die Arbeit aus, den Streit, den Hunger der Blockade, den Tod der Nächsten. Er arbeitete noch, als sich seine eigenen Lippen schon klanglos bewegten.

Boris Ėjchenbaums Leben war heroisch.

Professor Makagonenko erzählte mir, wie in den Tagen, als die Faschisten sich anschickten, Leningrad zu erobern, und bereits einen Platz für die Siegesfeier bestimmt und angeblich sogar Eintrittskarten gedruckt hatten, Ėjchenbaum, dem Hungertod nahe, darum bat, man möge ihn in den Rundfunksender bringen. Er sprach in den Äther über die russische Kultur und die Erbärmlichkeit der Gewalt, über die Kraft und den unvermeidlichen Triumph der neuen russischen Kultur.

Leb wohl, Freund! Verzeih mir, Freund! Über manches dachten wir gemeinsam nach, mit mancher Bürde habe ich dein Leben beschwert. Ich spreche mit dir wie mit einem Lebenden. Unsere fünfundvierzigjährige Freundschaft ist nicht tot.

Ich ging nach links und nach rechts, querfeldein. Ich ging hinauf und hinunter, meine Absätze sind schiefgelaufen.

Mein Schritt ist nicht mehr leicht, die Beinmuskeln schmerzen, die Venen sind blau geworden, um die Aorta hat sich Rauhreif gelegt, das Herz ist ausgebrannt, hat ausgepocht.

Wie zwei Bäume in einem kahlgeschlagenen Wald sahen wir einander von ferne.

Die Bäume stürzen, ihr Laub rauscht, sie verneigen sich voreinander zum Abschied, sehen zum letztenmal den unerreichten Horizont. Schade um den Freund und um mich.

Du warst wie ein eisernes nichtrostendes Heupferd inmitten des vom Frost geblichenen Grases.

Aber alles vergeht, sogar Eisen bricht.

Boris Michajlovič Ėjchenbaum starb am 24. November 1959: ein sowjetischer Professor, ein Arbeiter, der an Müdigkeit nicht glaubte.

Über den Universitäts-Korridor ging ein schmaler rotwangiger Student mit einem Backenbärtchen. Er schrieb Verse, in denen er Deržavin imitierte, wagte es aber nicht, sie vorzutragen.

Jurij Tynjanov liebte die Archaisten: nicht nur den rätselhaften von jedermann anerkannten Griboedov, sondern auch den verlachten Kjuchelbeker, den Liebling Puškins, den vergessenen Revolutionär.

Tynjanovs theoretische Arbeiten wurden fast dreißig Jahre lang nicht nachgedruckt; erst jetzt beginnt man damit. Bisher fanden sie weder Anerkennung noch Widerspruch.

Unsere Einstellung zur Literatur war nicht ganzheitlich; der Wunsch, den Schriftsteller als ein Totum darzustellen, führte Tynjanov daher zur Literatur selbst. Das geschah so. Er wollte schon lange über Kjuchelbeker schreiben, erforschte ihn, behandelte ihn mit Zärtlichkeit, beschaffte Dokumente über sein Leben. Zu jener Zeit wechselte er den Arbeitsplatz und ging in den *Goslitizdat*-Verlag, der im ehemaligen Singerhaus auf dem Nevskij-Prospekt untergebracht war.

Der prahlerische Nähmaschinen-Fabrikant hatte sich Ecke Nevskij-Prospekt und Jekaterinskij-Kanal ein großes, mit Stein verputztes Haus hingestellt. An dessen Ecke stand eine Figur, die die Erdkugel umfaßt hielt; sie sollte die Macht der Firma symbolisieren.

Hierher kam Tynjanov nach seiner Arbeit als Übersetzer in der Komintern. Die Verlagsarbeit brachte ihm kein Glück: man setzte ihn als Korrektor ein. Das Hinundhertragen der Korrekturfahnen war beschwerlich, denn das Haus hatte viele Stockwerke. Eines Tages nahm Tynjanov nicht eine Fahne, sondern sein Manuskript, das er bereits abgetippt hatte, und brachte es dem Verlagsleiter; dessen Name war, wenn ich nicht irre, Alpers. Der Verlagsleiter blickte, ohne das Manuskript aufzuschlagen, seinen Angestellten sanft an und sagte:

»Jurij Nikolaevič, wir lieben Sie sehr, aber Sie können sich gar nicht vorstellen, wie schwer es ist, ein künstlerisches Werk zu verfassen. Grämen Sie sich nicht: Korrekturlesen ist eine notwendige Sache. Wir können Ihnen aber auch eine andere Arbeit verschaffen.«

Das Manuskript blieb auf dem Tisch liegen. Tynjanov nahm es wieder an sich.

Damals gab es eine Gesellschaft mit dem Namen *Kubuč*. Das war die Abkürzung für: Kommission für die Verbesserung der Lebensbedingungen der Lernenden. Die *Kubuč* besaß ihr eigenes Geschäft, wo mit Bleistiften, Papier und Büchern gehandelt wurde. Der Satzung nach war die Kommission berechtigt, Bücher zu verlegen, was sie aber nicht tat.

Kornej Čukovskij traf sich ab und zu mit Tynjanov. Er sah das Manuskript durch und trug es in die *Kubuč*. Tynjanov bekam Geld: gerade im richtigen Moment.

So kam der Roman *Kjuchlja* zur Welt, der seither unzählige Male neuaufgelegt wurde.

Der nun zum Belletristen avancierte Tynjanov schrieb noch mehrere Bücher, darunter den *Tod des Vazir-Muchtar* und die vorzügliche Erzählung *Leutnant Kiže*.

Er starb, ohne seinen Roman über Puškin vollendet zu haben.

Einst sagte Gogol, Puškin sei der russische Mensch in seiner Entwicklung, der Russe nach vielleicht zweihundert Jahren.

Die Menschen der Revolutionszeit sind also Puškins Zeitgenossen.

Sie wollten ihren Anführer und Bruder verstehen.
Über den fröhlichen Namen Puškins sprach Aleksandr Blok in seiner letzten Rede.
Über Puškin sprachen wir oft zu dritt: Jurij Tynjanov, Boris Ėjchenbaum und ich.
Geliebt von den Frauen, geliebt von den Freunden, gehaßt vom Zaren, ein großartiger Arbeiter, kühn, ironisch, imstande auf das Heute im Namen des Morgen zu verzichten, imstande, nicht nur sich und das eigene Werk zu lieben, war Puškin unser Ideal.
Tynjanov hat seinen Roman nicht zuendegeschrieben; die Krankheit hinderte ihn daran. Ich kam zu ihm, als er im Sterben lag. Er erkannte mich nicht sofort, doch dann veränderten sich seine Augen, auf seinem Gesicht erschien ein Lächeln. Er konnte nicht gleich sprechen. Er las mir Puškins Poeme vor, dann sprachen wir über Theorie.
Kehren wir denn also zur Theorie zurück. Jurij Tynjanov war ein Ritter der sowjetischen Literaturwissenschaft.
Als Literaturhistoriker hat Tynjanov viel getan. Was er in seinem Fach nicht fertigschrieb, wurde auch ohne ihn nicht vollendet.
In seinem Buch *Archaisten und Neuerer* stellte er die Frage nach der Bedeutungsänderung der literarischen Form, nach der verschiedenen Verwendung dieser Form für verschiedene Ideologien. Das war gleichsam eine Widerlegung des Formalismus, der dem *literarischen Kunstgriff* nachspürte.
Wenn man die Bedeutung der literarischen Richtungen erforscht, darf man sich nicht nach der Ähnlichkeit der literarischen Formen richten. Die Dialektik der Geschichte funktioniert die Formen um.
Schade um die ungeschriebenen, die bloß konzipierten Bücher. Doch im Leben wurden einige Strecken ausgelassen, die es jetzt einzuholen gilt. Wir haben vieles nicht zu-

endegeschrieben, vieles falsch geschrieben, sind von vielem falsch abgerückt. Heute denke ich, nachdem ich Shaws Meinung über Tolstoj und Brechts Aufsätze über Dramatik gelesen habe, daß meine Gedanken über Verfremdung, besonders in der Anwendung auf Tolstoj, richtig waren; sie waren nur falsch verallgemeinert.

Verfremdung ist das Vorzeigen eines Gegenstands außerhalb der Reihe des Üblichen, der Bericht über ein Phänomen mit neuen Worten, die einem anderen Beziehungsbereich des gleichen Phänomens entstammen.

Tolstoj beschrieb das Leben seines Gesellschaftskreises, der adligen Gutsbesitzer, indem er die Einstellung eines patriarchalischen Bauern heranzog, der die Bedeutung der Worte und Erscheinungen nicht kennt und die Legitimität dessen anficht, was in der alten Literatur üblich war.

Tolstoj läßt sich nicht als heiliger Mann enträtseln, der aus seinem Kreis fortgegangen ist, und nicht als Gutsbesitzer; aufgeschlüsselt hat ihn Lenin: als den Mann, der die Revolution ausgedrückt hat, das Niederreißen der Beziehungen. Deshalb mußte sich Tolstoj in der Welt umblicken, wie sich ein Erwachsener umblickt.

Das alte Leben erschien ihm als ein Traum.

Meine Zeitgenossen im Westen wollen zurück in den Traum, in die Widerlogik des Traums; meine Schuld aber ist, daß ich das Profil der Kunst nicht in der Karte der Weltgeschichte eingetragen habe. Shaw analysiert vorzüglich die Erneuerung der Szene am Sarg des Ivan Iljič, den an die Wand gestellten Sarg, den Hocker, auf dem der Gast sitzt. In seinem Aufsatz *Tolstoj: Tragiker oder Komödiograph?* untersucht Shaw die Kunstmittel des Romanciers und sagt: »Tolstoj kann die Seele mit dem Korkenzieher öffnen.« »Er berührt mit seiner Feder die Diele, die Küche, den Läufer am Eingang und die Toilettentische, und sie verlieren ihren Glanz ...«

Shaw sieht Tolstoj in der Geschichte. Er spricht nicht nur vom Umbruch in Tolstojs Weltanschauung, von seinen Projekten der Weltveränderung, er erkennt sogar, daß es sich dabei um ein Problem handelt, »dessen Lösung, wie Lenin festgestellt hat, auf wütenden Widerstand stößt«.

Ich bekenne mich im vollen Ausmaß schuldig, daß ich, in der Sowjetunion lebend, das nicht begriffen habe, was der in England lebende Bernard Shaw im Jahre 1921 begriff: »das Problem des sozialen Umbaus«. Vor lauter Bäumen sah ich den Wald nicht. Dabei hätte ich das durchaus gekonnt; ich kannte Menschen, die sich von der Vergangenheit abzustoßen verstanden. Zum Beispiel Evgenij Polivanov. Dieser Mann, ein Verwandter von Lobačevskij, hing vor der Revolution konservativen Ansichten an, veränderte sich aber in der Revolution.

In seiner Jugend glaubte er, für ihn sei alles möglich. Eines Tages legte er, beim Herannahen eines Zuges, seine Hand auf die Schienen. Sein Ziel war, den Kolja Krasotkin aus den *Brüdern Karamazov* zu übertreffen, der sich bloß zwischen die Gleise gelegt hatte.

Der junge Polivanov zuckte nicht mit der Hand zurück, das Rad der Lokomotive fuhr ihm die Hand ab, die anderen Jungen liefen auseinander. Polivanov stand auf, ergriff die abgefahrene Hand an den Fingern und ging mit ihr davon. Er erzählte mir, mit welchem Entsetzen die Droschkenkutscher fliehend auf ihre Pferde einhieben.

Dieser Vorfall beeindruckte Polivanov, er wurde für eine Weile still, wurde ein guter Schüler, beendete das Gymnasium, wurde ständiger Hörer der Vorlesungen von Baudouin de Courtenay. Polivanov erzählte mir später, er sei auf einer der brillanten und verworrenen Vorlesungen Baudouins eingeschlummert. Als er Sekunden später aufwachte, hätte er etwas Entscheidendes begriffen.

Was sich als dies für ihn Entscheidende erwies, hat er mir nicht gesagt, aber ich sah, wie leicht ihm die Arbeit fällt.

Nach der Revolution wurde er Bolschewik und überwarf sich mit den liberalen Professoren. Er machte den Angriff auf Kronštadt mit, stritt sich, im Namen des Marxismus, mit Marr.

Außer den Leuten, die im *Opojaz* gedruckt wurden, bedeuteten auch jene Leute viel, die keine Manuskripte ablieferten, sondern nur auf den Versammlungen das Wort ergriffen. Über den Vers sprach, Baudouins Theorien erläuterte der bärtige (er hatte sicher schon als kleiner Junge einen Bart) Sergej Bernštejn, ein Mann von ungewöhnlicher Präzision. Seine Unzufriedenheit mit früheren Arbeiten über Phonetik hatte zur Folge, daß er sein Buch über den Stil nicht fertigschreiben konnte. Bernštejn meinte, er könne das Buch nicht abliefern, bevor er nicht alle Fragen bis ins letzte aufgeklärt, alle Beziehungen zu den bereits gedruckten Büchern nicht festgestellt hat. Mir scheint, daß er in diesem Punkt irrte. Man kann eine Botanik schreiben, nicht aber ein Buch mit dem Titel *Wahrhafte und letzte Wahrheit über die Blumen.*

Sergej Bondi beschäftigte sich mit Fragen des Verses und hielt Vorlesungen. Von den Ideen des *Opojaz* ist er längst abgerückt, aber er möchte nicht einfach ein gutes Buch schreiben, in dem sich präzise Angaben über die Verswissenschaft finden, sondern ein Buch, das seiner Zeit würdig ist, das die Erfahrung der Epoche in sich aufgenommen hat. Das wäre nicht übel, aber wie ein Baum zu leben, mit immer neuen Blättern, ist auch ganz schön. Sogar die immergrünen Bäume irgendwo in der Heimat des Horaz wechseln und erneuern unhörbar ihr Laub.

Der hagere früh gealterte Boris Kazanskij vertrat in unserer Gesellschaft die Traditionen der klassischen Philologie. Inzwischen beschäftigt er sich mit der Erforschung der hettischen Sprache, ohne die Arbeit an der antiken Tragödie aufzugeben.

Kazanskij veröffentlichte 1924 im ersten Heft der Zeitschrift *Lef* die Arbeit *Der Redner Lenin* (einen Versuch der rhetorischen Analyse). Er zeigte die Bedeutung der Wiederholungen in Lenins großen Reden, seine erschöpfenden Verallgemeinerungen, die zunehmende Plastizität der Metapher, die Arbeit mit Synonymen und morphologischen Varianten, den Weg zu einem Höchstmaß an Wirklichkeitsnähe und zur Direktheit des Bewußtseins.

Nadežda Krupskaja erwähnt diesen Aufsatz in ihren Erinnerungen an Lenin: »Eine Zeitlang, erzählte Vladimir Iljič ein andermal, trieb ich mit großem Eifer Latein. Latein? staunte ich. Ja, sagte er, aber dann kam das Latein anderen Arbeiten in die Quere, da gab ich es auf. Als ich nun kürzlich den *Lef* las, wo Lenins Stil und Redebau untersucht wurde und aufgezeigt wurde, daß sich Lenins Satzbau mit dem Satzbau römischer Rhetoren deckt, ging mir auf, weshalb Vladimir Iljič solchen Eifer beim Studium lateinischer Autoren hatte entfalten können.«

Was von unserer Arbeit wird die freie Menschheit gebrauchen können? Wenn sie nur wenig davon gebrauchen kann, sind wir schuldig vor ihr. Denn die Luft der Revolution war die Luft unserer Jugend.

In jener Zeit konnten Wissenschaft und Literatur auf keinen Fall als Mittel zur Karriere dienen. Wir wurden in der bürgerlichen Zeit geboren, aber die Großmut der Revolution machte uns frei, ihr Schwung hob uns empor. Unser Denken setzte neu an.

Wir versammelten uns in jenen Jahren in verschiedenen Wohnungen, steckten Bücher in die Öfen, um uns zu wärmen, steckten unsere Füße ins Backrohr. Trotzdem war es kalt, und trotzdem arbeiteten wir.

Wir wollten nicht so sehr Fakten auffinden, die noch nicht von anderen beschrieben worden waren, als vielmehr den Zusammenhang der Fakten aufklären. Später setzten wir natürlich Gewohnheiten, Schüler und Klischees an.

Notieren wir die Schuld.

Die bürgerlichen Theoretiker betrachteten nicht allein die Literatur als Selbstentfaltung der Idee. Genauso verfuhren sie mit der Geschichte der staatlichen Gebilde, mit der Rechtsgeschichte usw.

Der *Opojaz* erklärte die Abfolge der literarischen Formen aus dem Veralten der bereits nicht mehr erlebbaren Form, aus ihrer Automatisierung.

Nach Meinung der Leute vom *Opojaz* wurde die neue Form den alten, nicht-kanonischen Kunstphänomenen entnommen. Die Kunst wurde in einer Art von wave-guide eingeschlossen. Das Ergebnis war, infolge der Trennung von Form und Inhalt, ein idealistisches Entwicklungsbild.

Aber man darf die Praxis des *Opojaz* nicht mit seiner Theorie identifizieren.

Der *Opojaz* wurde aus dem Leben geboren und strafte in seinen Arbeiten seine eigene Theorie immerzu Lügen.

Die Leute vom *Opojaz* nahmen ein bestimmtes Moment der Entwicklung der künstlerischen Form und machten aus der Kurve mit ihrer wirklichkeitsbedingten Krümmung eine Gerade. Das war falsch. Man sollte sich hier eine Stelle aus Lenins *Philosophischen Heften* vergegenwärtigen:

»Die menschliche Erkenntnis ist nicht (respective verläuft nicht auf) eine gerade Linie, sondern eine Kurve, die sich einer Reihe von Kreisen, der Spirale unendlich annähert. Jeder beliebige Abschnitt, jedes Bruchstück dieser Kurve läßt sich verwandeln (einseitig verwandeln) in eine selbständige ganze Gerade, welche (falls man vor lauter Bäumen den Wald nicht sieht) daraufhin in den Sumpf führt, ins Pfaffentum (wo das Klasseninteresse der herrschenden Klassen sie *befestigt*). Geradlinigkeit und Einseitigkeit, Hölzernheit und Verknöcherung, Subjektivismus und subjektive Blindheit – voilà die gnoseologischen Wurzeln des Idealismus. Natürlich besitzt das Pfaffentum (= der philosophische Idealismus) seine *gnoseologischen* Wurzeln, es ist nicht bodenlos, es ist eine taube Blüte, zweifellos, aber eine taube Blüte, die auf dem lebendigen Baum der lebendigen, fruchtbaren, wahrhaften, mächtigen, allvermögenden, objektiven, absoluten menschlichen Erkenntnis wächst.«

Vieles von dem, was die Literaturwissenschaft der zwanziger Jahre geleistet hat, wurde, neu durchdacht, zum Bestandteil der zeitgenössischen sowjetischen Literaturwissenschaft. Damals wurden Ansätze geschaffen für ein neues Verständnis des Rhythmus, des Klangs und des Sujets im literarischen Werk.

Es wäre abwegig zu glauben, die Arbeit des *Opojaz* sei mittendrin durch irgendwelche administrativen Verfügungen abgebrochen worden.

Wir publizierten Bücher im *Academia*-Verlag am Institut für die Geschichte der Künste, wir begannen, Monographien und Lehrbücher zu verfassen. Alles ging sehr leicht vonstatten und war rasch gelöst: als hätten wir eine Universalform der Analyse entdeckt. Aber dann merkten wir, daß die durch die Analyse hindurchgegangenen Gegenstände nicht mannigfaltiger, sondern einander immer ähnlicher wurden, als hätte gar keine Analyse stattgefunden. Die analytische Methode hatte sich erschöpft. Da wanderten die einen von uns in die reine Sprachwissenschaft ab, die anderen in die Textologie, wieder andere in die künstlerische Prosa. Ich wandte mich dem Film zu. Die Professoren unter uns blieben Professoren. Jakubinskij betrieb

das Studium der albanischen Sprache, später beschäftigte er sich mit Fragen der allgemeinen Literaturwissenschaft. Ich denke: nachdem die meisten von uns auf verschiedenen Wegen zum Marxismus stießen, sollten wir uns, mit erneuertem Wissen und Können, wieder der Literaturwissenschaft zuwenden.
Sergej Ėjzenštejn sagte, im Leben sei Wahrheit, sie existiere immer, nur reiche das Leben gemeinhin nicht aus.

Ein paar Worte über die Ukraine

Sehr schön sehen bei Sonnenschein Blutstropfen auf dem Gras aus. Das erklärt sich daraus, daß rot und grün Komplementärfarben sind; sie ergänzen einander.
Ich flog in Cherson im alten Festungsgraben in die Luft.
In die Stadt Cherson kam ich mit einem Brief von Gorkij, der mir gleichsam als Passierschein diente. Alle glaubten diesem mit großen Buchstaben geschriebenen Brief, obwohl er keinen Briefkopf hatte. Gorkij bat darin, mir dabei behilflich zu sein, bis nach Cherson zu gelangen. Ich mußte meine Verwandten evakuieren. Just in jener Zeit begann Wrangel seine Offensive. Wir führten gerade Krieg mit Polen, Wrangel wollte uns in den Rücken stoßen.
In Cherson waren keine Truppen stationiert. Ich trat in die Rote Armee ein, machte in Holzsandalen Spähtruppunternehmen in das Gebiet jenseits des Dnepr mit, verletzte mir die Füße an verholzten Schilfstümpfen. Die Holzsohlen waren mit Dochten an den Füßen befestigt. Man brauchte den Fuß nur ein wenig schief zu stellen – und schon war die Sandale weg. Das war keine Sohle, sondern ein glitschiges Stück Holz.
Es war Sommer, in den verlassenen Gärten jenseits des

Dnepr reiften die Aprikosen, fielen von den Bäumen, lagen plattgedrückt auf dem Boden herum.

Der Dnepr war leer. Einmal sahen wir auf dem Fluß einen Kutter der Wrangelarmee. Später wurde er bei Teginka vom ersten Schuß einer Kanone getroffen. Auf unser Ufer wollten die Wrangeltruppen nicht übersetzen, sie brauchten den Fluß zum Schutz ihrer Flanke.

Wir besaßen fast gar keine Waffen. Wir stellten in Cherson eine Kanone auf einem Holzgestell auf, machten daraus ein Flakgeschütz, schossen damit auf Flugzeuge. Wir brauchten Sprengstoff. Ich fuhr nach Nikolaev und brachte von dort irgendwelche Geschosse mit; sie waren, genau weiß ich es nicht mehr, entweder griechischer oder deutscher Herkunft. Wir konnten sie aber nicht gebrauchen, denn unser Geschütz hatte ein anderes Kaliber. Wir schraubten sie auf und schütteten den Sprengstoff heraus; die Bickfordschnur entnahmen wir alten Raketen.

Das Aufschrauben war meine Aufgabe. Das muß ein einzelner machen: mit Ruhe. Einmal mußte ich bestimmen, was für ein Material ich mitgebracht hatte. Mir waren da bleistiftlange maiskolbendicke Zylinder zwischen die Finger gekommen. Erst dachte ich, es seien Zünder, für Zünder waren sie allerdings zu groß, und es fiel schwer, die Zündschnur in sie einzuführen. Aber dann war die Schnur drin, ich wickelte sie in Papier, zündete sie an; rauchen kann ich nämlich nicht.

Ich war mir meiner Sache sicher, denn ich hatte mit Sprengstoff schon oft allerlei technisch unzulässige Dinge angestellt. Diesmal jedoch wurde ich hochgehoben und umgedreht. Der Zylinder war in meiner Hand explodiert. Da sah ich das Rote auf dem Grünen. Dort hinter der Weide galoppierten Pferde; es schien, als sei noch keine Zeit vergangen und der hochgewirbelte Staub noch nicht wieder gefallen. Da hörte ich mich kreischen, sah meine durch die Explosion auseinander geschleuderten Beine, das blutige Hemd, die zerschlagene rechte Hand, die linke mit der ich Gras ausriß.

Es kamen Leute aus unserer Geschützmannschaft, sie hoben mich auf, legten mich auf ein Pferdefuhrwerk, brachten mich ins Hospital. Dort wusch man mich, rasierte meinen Körper aus und traf Anstalten, ein Bein und eine Hand zu amputieren. Da kam ein alter Arzt und sagte: »Wozu die Eile?« Ich sah nur, wie mein Körper auf meinen Knochen zappelt, nicht zittert, sondern zappelt, als würde er kochen.

Ich lag da. Die Splitter konnte man nicht entfernen, es waren ihrer zu viele. Später gingen sie selber heraus. Ich gehe, plötzlich knirscht die Wäsche: wieder ist ein Splitter draußen. Man kann ihn mit den Fingern herausnehmen.

Fast vierzig Jahre sind vergangen. Von den achtzehn Haupt- und etlichen Nebensplittern blieben kleine schwarze Flecke zurück. Die linke Hand ist im Gelenk etwas dünner als die rechte. Wenn das Wetter umschlägt, schmerzen die Wunden.

Aber so geht es allen.

Ich kehrte nach Petrograd zurück. Später erkrankte ich an Gelbsucht, ging rotgelb gefärbt herum. Das ist nicht das Kanariengelb, vielmehr geht das Rote ins Orangefarbene über; das Weiße im Auge wird gelb. Gelbsucht drückt auf die Psyche, man verliert die Lust am Scherz und am Gespräch.

In jener Zeit freundete ich mich sehr mit Gorkij an. Ich erzählte ihm von den langsam fahrenden Zügen, von den Fronten, die sich plötzlich um irgendein Dorf herum bilden, um sich genauso rasch wieder aufzulösen, ich erzählte von den Verwundeten, die den Dnepr durchschwimmen, bis sich dann herausstellt, daß sie sich überhaupt nicht

bewegen können, erzählte von den Bazaren. Dort wurde Nähgarn ellenweise gehandelt; Gläser waren aus Bierflaschen hergestellt, die Hemden aus Sackleinwand.
Beim Erzählen beruhigt man sich.
Die erste Zeit nach meiner Verwundung wachte ich nachts manchmal auf: weil ich mitten in der Nacht einen roten Lichtschein gesehen hatte. Dieses Licht war purpurrot. Später gab sich das wieder. Ich erwähne das deshalb, weil viele Vorfälle meines Lebens als Beweis dienen, daß Bücher damals nicht mit der ruhigen Folgerichtigkeit akademischer Ausgaben geschrieben wurden.

Über die Wohnung auf dem Kronverkskij-Prospekt über den Humanismus und über den Haß

Im Jahre 1920 war Petersburg blockiert. Die Stadt war vom Meer her zugesperrt, vom Festland abgeschnitten. Die Petersburger Fabriken hatten immer Importkohle verheizt. Die Kohle wurde entweder als Ballast auf den Schiffen herbefördert, die in Petrograd Holz und Kohle luden, oder sie kam per Eisenbahn.
Jetzt war Petersburg-Petrograd abgeschnitten. Nur ein einziger Fabrikschlot rauchte noch: der Schornstein des Wasserwerks. Die Wasserleitung funktionierte noch.
In den Außenbezirken verkehrten Straßenbahnen, die Wagen waren vollgepropft. Hinten hängten sich Kinder mit Schlitten und auf Schlittschuhen dran, manchmal scharenweise. Dabei wurde nicht gelacht: sie rodelten nicht – sie fuhren.
Die Wasserleitungen in den Häusern froren ein. Das Wasser wurde in Eimern aus dem Keller geholt. Die Treppen vereisten.
Petrograd erlebte seine erste Blockade.

Die kleinen Kanonenöfen gab es noch nicht. Sie kamen gerade auf, man bog sie sich aus Blechschildern zurecht.

Als Heizmaterial diente uns alles. Ich verheizte Regale, einen Modellierbock und Bücher ohne Maß und Ende.

Boris Ėjchenbaum beschaffte sich einen Schützengrabenofen, setzte sich davor, blätterte Zeitschriften durch, riß das Notwendigste heraus; alles Übrige verbrannte er. Er konnte ein Buch nicht verbrennen, bevor er es gelesen hatte.

Ich verbrannte alles. Hätte ich Holzbeine und Holzarme besessen, hätte ich sie damals auch verheizt.

Die kleinen Holzhäuser wurden von den großen Steinhäusern gefressen; es entstanden künstliche Ruinen. Der Frost fraß sich in die Hauswände und fror sie bis zu den Tapeten durch. Die Menschen schliefen angezogen, saßen im Mantel im Zimmer.

Alle hatten ein Schicksal, alles wurde stadienweise erlebt.

Es gab einen Monat der fallenden Pferde, als jeden Tag auf jeder Straße sterbende Pferde lagen.

Es gab einen Monat des Sacharins, als in allen Geschäften nur Sacharintüten verkauft wurden. In manchen Monaten wurden Kartoffelschalen gegessen. Im Herbst, während der Judenič-Offensive, aßen alle Kohl.

Die Pferde waren tot. Nie werde ich das Quietschen und die Trostlosigkeit der Kufen eines Schlittens vergessen, den man hinter sich her zieht.

Die große Stadt lebte von der Seele der vielen. Sie erlosch nicht: so wie ein brennender Kohlenhaufen nicht verlischt, wenn es auf ihn regnet und schneit.

Aus den dunklen Wohnungen, in denen die Nachtfunzeln schwach leuchteten, ging man ins Theater, schaute auf die Bühne, inszenierte neue Stücke. Die Schriftsteller schrieben, es arbeiteten die Gelehrten.

Die jungen Literaturwissenschaftler versammelten sich von

Wohnung zu Wohnung. Einmal mußten wir über Stühle gehen; im Erdgeschoß war die Wasserleitung geplatzt, der Fußboden war überschwemmt.

Die Stadt war leer. Es war, als hätten die Wellen des Kopfsteinpflasters die Ufer der Häuser unterspült: so breit waren jetzt die Straßen. Die Stadt lebte vom roten Feuer der Revolution.

Diese Stadt wurde nicht provinziell, wurde nicht eingenommen, denn sie schmolz mit ihrer Glut, verbrannte mit ihrem Feuer alle, die auf sie zumarschierten.

Die Kartoffel, die wie ein Blumenstrauß überreichte Mohrrübe, das Gedicht und der morgige Tag waren heilig.

Gegrüßt seid ihr, Freunde, mit denen ich schrieb, mit denen ich Hunger litt, mit denen ich irrte.

Gedenken wir Gorkijs, der im Eismeer dieser Stadt schwamm und organisierte ...

Ja, das Wort »organisieren« und das Wort »Maßnahme« wurden auf hohen Bergen geboren und speisten breite Ströme.

Das Leben ging nicht weiter, nein, es wurde neu geboren.

Das, was unmöglich schien, war, im Projekt, im Entwurf, bereits möglich.

Einmal besuchte ich einen großen Ingenieur und Theoretiker und brachte das Gespräch auf die Elektrifizierung. Er erwiderte mir:

»Wir besitzen nicht einmal Bleistifte und Papier für die ersten Konzepte.«

Und dann baute er – zusammen mit vielen anderen.

Und dann wurde die Elektrifizierung verwirklicht. Und nun lebt ihr, meine Zeitgenossen, und seht das, was ihr seht.

Damals sammelte Gorkij die Gelehrten, ernährte sie, rief

den Verlag *Weltliteratur* ins Leben. Damals erweiterte sich der Begriff der menschlichen Kultur, wurden neue Forschungsstätten geschaffen.

Die Menschen, die sich zusammentaten und die sich gleichsam im Zustand der Schwerelosigkeit befanden, waren damals vom Unrat der alten Zeit befreit. Sie wußten und verstanden, was sie vorher nicht verstanden hatten.

Es ist schwer, sich an Adressen zu erinnern. Ich will zum Beispiel den Satz hinschreiben: »Gorkijs Wohnung befindet sich auf dem Kronverkskij-Prospekt.« Der Prospekt verläuft als Halbkreis an den alten Wällen der Peter-Pauls-Festung entlang, einst bog er sich von der Neva zurück zur Neva. Heute aber muß ich sagen: »Gorkijs Wohnung befand sich in der Gorkij-Straße.« Denn so heißt der Prospekt heute.

Die Wohnung lag zwei Häuser vom Kamennoostrovskij-Prospekt entfernt. Der wiederum hieß später Straße der Morgenröten, so hatte Blok ihn genannt. Heute heißt die Straße Kirovskij-Prospekt.

Gorkijs Haus war das dritte nach der Ecke. Das erste Haus – ein Holzhaus – steht nicht mehr. Es wurde nach der Revolution abgerissen, von Jungen mit kurzen Schlagstöcken. Sie gingen sehr geschickt vor. Der Zweck der Sache war, aus dem Haus Brennholz zu machen. Gorkij blieb oft stehen und blickte mit Entzücken auf die Kinder, die mit ihren schwachen Kräften geschickt diese Männerarbeit so anpackten. Gorkij machte mich darauf aufmerksam, daß die Kinder die Treppe stehengelassen hatten, um sie zum Abtransport der Balken zu benutzen. Sie verletzten niemanden, töteten niemanden und verstanden es, rechtzeitig zu verschwinden, wenn die Miliz kam.

Die Straße beginnt jetzt direkt mit dem zweiten Haus. Die Lücke an der Stelle des ersten Hauses wurde erst kürzlich geschlossen. Das dritte Haus – das Haus, in dem

Gorkij wohnte – ein mächtiges Haus aus Stein, wird noch lange stehen. Der untere Teil des Hauses war nach skandinavischem Vorbild, das in Petersburg Mode machte, mit unbehauenem Stein verschalt. Im Erdgeschoß waren Geschäfte untergebracht. Nach der Revolution war hier der Antiquitätenladen von Ivan Rakickij, eines Freundes von Gorkij. Der Laden nannte sich *Der fröhliche Eingeborene.* Bemerkenswert an ihm war, daß ihn nie ein Kunde betreten hat. Im Schaufenster befand sich ein schön angemaltes Schiff mit Segeln aus Metall. Kinder blieben davor stehen und schauten durch die Fensterscheibe, aber auch sie kamen nicht herein, denn das Schiff war für einen Einkauf zu schön und andere Artikel gab es in dem Laden nicht. Heute sind die Bögen der Schaufenster zugemauert und verputzt.

In Gorkijs Wohnung gelangte man über den Dienstbotenaufgang, eine lange Katzentreppe hinauf. Zuerst kam die warme Küche, dahinter lagen einige kalte Zimmer. Im Eßzimmer stand ein transportabler Ofen. Der Ofen hatte eiserne Rohre. Ich liebte es, auf die kurze himbeerfarbene Rotglut dieser Rohre zu schauen. Der Ofen wurde mit zerbrochenen Kisten geheizt, die ein gewisser Rappoport regelmäßig anlieferte.

Gorkij sitzt am Tisch. Am Tischende sitzt Marija Andreeva, eine nicht mehr junge, aber sehr schöne Frau. Vor ihr stehen Teekanne und Samowar.

Die übrigen Tischnachbarn wechselten. Ich war oft hier. Manchmal kam Larisa Rejsner mit ihren begeisterten Erzählungen. Sie sagte später, Frau Andreeva hätte ihre Begeisterung mit einem Teewärmer zugedeckt, wie die Teekanne. Solche Teewärmer, die die Form eines Huhns hatten, waren damals weit verbreitet.

Später schloß sich Marija Budberg der Tischrunde an, eine kluge und ebenfalls schöne Frau. Desgleichen die Malerin

Chodasevič. Ab und zu kam Gorkijs Sohn Maksim Peškov angereist.

Gorkij wohnte in einem Zimmer mit einem großen Fenster. An den Wänden standen niedrige Bücherregale. Es waren viele Bücher über Folklore darunter.

Gorkij hatte eine alte Jacke an, die bis zu den Ellbogen mit Tinte bespritzt war. Darüber trug er einen wattierten chinesischen Morgenrock mit breiten Ärmeln. Dazu warme chinesische Hausschuhe mit einer vielschichtigen Sohle aus gefettetem Papier. Er schrieb regelmäßig morgens. Er schrieb mit großen Buchstaben auf großen Blättern, setzte jeden Buchstaben einzeln. Es war eine gute Handschrift des siebzehnten Jahrhunderts. So saß er da, in einem chinesischen Klappsessel. Auf den Regalen stand einfacher dünner chinesischer Nierenstein.

In den Räumen von Marija Andreeva stammten die Sachen aus dem Ende des neunzehnten Jahrhunderts. Darunter waren auch viele Chinoiserien, aber in einer anderen Art. Hier war das China vertreten, das die Damen liebten: geschnitztes Elfenbein auf schwarzem Lackgrund.

Rakickij hatte ein riesiges Zimmer. Darin stand ein Schrank aus der Zeit Peters des Großen mit unebenen Glasfenstern der gleichen Epoche. Außerdem emaillierte Elefanten aus Burma, jeder Elefant in der Größe eines Schäferhunds, und irgendwelche Schädel, vermutlich siamesischer Herkunft, mit eingelegten bunten dreischneidigen Dolchen, alles mit viel Email. An den Wänden hingen Rakickijs eigene Bilder. Sie waren mit bunten Lacken gemalt und stellten tropische Landschaften mit Affen dar. Rakickij, ein vierzigjähriger Mann ohne Bart und Schnurrbart, pflegte auf einem großen Sofa zu liegen, über das ein abgewetztes Hirschfell gebreitet war. Außer dem Fell befanden sich im Zimmer, wenn ich mich nicht täusche, keinerlei Wärmevorrichtungen.

Maksim Gorkij lebte in den ersten Jahren der Revolution schwierig und angespannt.

Im Jahre 1920 kam zu Gorkij aus Jakutsk Nataša Semënova, eine alte Bekannte aus Capri, und erkrankte sofort an Flecktyphus.

Ich sah sie bei Gorkij nach ihrer Genesung: sie sah jetzt wie ein kleiner abgemagerter Junge aus. Ihr Hausname war Chodja. Die Semënova war zur Hälfte Mongolin und sprach gut chinesisch.

Fast jeder im Hause Gorkij hatte irgendeinen Beinamen. Gorkij selber wurde Duka genannt, die Chodasevič hieß die Kaufmannsfrau, Rakickij hieß Nachtigall.

Die Semënova war zu Fuß nach Petersburg gekommen, eigentlich gekrochen.

Es war Bürgerkrieg, die Holzbrücken waren abgebrannt, die eisernen Brücken waren in die Luft gesprengt. Die Gleise blieben aber verschraubt, sie hingen, zusammen mit den Resten der Schwellen, über den Flüssen. Auf so unsicheren Wegen kroch die Semënova aus dem Fernen Osten nach Petersburg. Sie führte Erzproben mit sich.

Ihr Mann, ein alter Bekannter von Gorkij, bat um Hilfe für die Lamuten im Gebiet des Werchojansker Grates. Nach einem großen Rentiersterben litten sie Hunger. Gorkij half, so gut er konnte. Er betrachtete die Bleierzproben, die die Semënova mitgebracht hatte, und schrieb einen Brief an Semënov, in dem er ihn seinerseits darum bat, er möge für die Petersburger Gelehrten möglichst viel Tierfelle auftreiben, denn in Petersburg sei es bitter kalt.

Die Semënovs weilen längst nicht mehr unter den Lebenden. Ich mußte an Nataša denken, als ich 1960 im Novemberheft des *Novyj mir* den Wiederabdruck von Gorkijs Aufsatz *Über die Einzelnen* las.

Im Hause Gorkij gab es die verschiedensten *Einzelnen.*

Meistens hatten sie Format, sahen ungewöhnlich aus, hatten unerwartete Interessen.

In diesem Haus waren immer viele und sehr verschiedene Leute.

Hierher kam der ruhige, hellblonde, starke, kluge H. G. Wells mit seinem Sohn, einem jungen Chemiker. Wells versuchte, sich über nichts zu wundern. Mit Gorkij unterhielt er sich über die Dolmetscherin Marija Budberg. Je länger das Gespräch dauerte, desto ernster, trauriger und erregter wurde Wells, desto mehr wunderte er sich.

Manchmal kam Šaljapin.

Niemals habe ich einen schöneren menschlichen Kopf gesehen. Er war so fein geschnitten, als wäre er die Arbeit eines berühmten Geigenbauers. Präzis herausgemeißelte Nasenflügel, ein ruhiger scharf umrissener Mund.

Šaljapin schien selber ein Kunstprodukt zu sein. Sogar der Übergang vom Hals zum Nacken und vom Nacken zum Scheitel war vollendet und klug.

Später sah ich Šaljapin bei Gorkij in Berlin. Er bat, man möge ihm helfen, nach Rußland zurückzukehren. Er sagte:

»Ich muß nach Rußland zurück. Dort sitzt im Mariinskij-Theater ein Musiker mit einem Triangel im Orchester. Er spielt auf dem Triangel. Er ist auch ein Šaljapin, nur bekommt er weniger Gage. Drüben kann ich mir nicht einmal vor Feuerwehrmännern erlauben, schlecht zu singen.«

Er fuhr nicht nach Rußland. Wollen und sich entschließen ist zweierlei.

In der Wohnung auf dem Kronverkskij-Prospekt sah ich Šaljapin im Gespräch mit Petersburger Bolschewiken. Das waren Leute der gleichen Epoche und des gleichen Schlages.

Ab und zu pflegte Šaljapin zu erzählen: ruhig und gekonnt.

Im Hause Gorkij habe ich ihn nur einmal singen sehen.

Der Schauspieler Borisov kam und sagte, sein Sohn sei gestorben. An jenem Tag war der Ziehharmonikaspieler Dymša zu Besuch bei Gorkij. Bis tief in die Nacht hinein sangen Šaljapin und Borisov zur Ziehharmonika.
An jenem Tag war es, daß ich Šaljapin singen und erzählen hörte.
Für Gorkij war das Erzählen ein Anstoß zum Denken, eine Methode, seine Gedanken zu schärfen. Er kam von einer Sitzung des Verlags *Weltliteratur* zurück und erzählte das Streitgespräch wieder, das der hagere anmaßliche Akim Volynskij mit dem gelassen traurigen Aleksandr Blok führte. Es ging um einen neuen Humanismus und um den Zusammenbruch des alten.
Gorkij sprach damals von Blok mit strenger Begeisterung.
Gern erzählte er über die alte Literatur, die er vorzüglich kannte. Er kannte ihre Erwartungen, ihr unvergangenes Können und die unendliche Strenge ihrer Ansprüche. Ihren Asketismus liebte er nicht.
Er sagte: »Flauberts Madame Bovary ist die Frau eines nicht fertigstudierten Arztes. Und welch eine Messe zelebriert sie ihrer Liebe! Die schöne Anna Karenina und der schöne Vronskij aber leben in Italien, und Tolstoj erlaubt Ihnen nicht einmal, in einer Mondnacht durch Rom zu lustwandeln, erlaubt uns nicht zu sehen, wie gut es ihnen ging. Der Alte mit der Eisenbrille hat alles weggestrichen.«
Gorkij beugte sich tief über den Tisch, wie das alte kurzsichtige Menschen tun, und zeigte, wie Lev Tolstoj alles wegstrich.
Er glaubte, Tolstoj würde die Liebe in den Haß hineinverbergen.
Vielleicht ist mein Gedanke nicht ganz klar.
Aber sehr klare Gedanken: das sind manchmal die ge-

wöhnlich gewordenen Gedanken; sie sind bereits zuendegedacht. Doch der Denkprozeß geht bekanntlich immer weiter.

Gorkij war von Tolstoj hingerissen, aber er sah, daß Tolstoj sein Entzücken vor dem Leben im Namen der Religion vor sich selber verbirgt.

Ein gottesfürchtiger Bauer, der zu Gott betet, in die Kirche geht, am Pfingstsonntag in seinen groben Händen einen verwelkenden Faulbeerzweig hält, dieser Bauer glaubt nicht an Gott.

Er liebt das Leben, baut sein Haus an einem schönen Platz, er liebt seine Frau, begeistert sich für schnelle Pferde, für die Kraft des Menschen und erzählt verwegene Märchen.

Tolstoj liebt seine Anna Karenina, er bemitleidet sie nicht nur, er ist im *Morgen eines Gutsbesitzers* von jenem Kutscher hingerissen, der über ferne Straßen fährt, er beneidet ihn. Ihn entzückt die hartnäckige Tapferkeit des Chadži-Murat.

Man muß das Leben in jedem Augenblick lieben. Man muß das Neue, wie Blok sagte, mit dem *Klang des Schildes* begrüßen.

Man muß sich in den Kampf stürzen, man muß dem Neuen Hilfe leisten.

Gorkij selbst war ein Ritter der unmittelbaren Gerechtigkeit.

Ritter haben nicht immer recht. Der Harnisch ist ein beschwerlicher Anzug, er hemmt die Bewegungsfreiheit. Aber ich sah Gorkij in seiner richtigen Liebe, in seiner nie aussetzenden Verliebtheit in die Literatur und die Gerechtigkeit. Er liebte die Literatur und wurde ihrer nicht satt: wie ein junger Liebhaber. Er brauchte die indische, die mongolische, die chinesische, die holländische und jede andere Literatur.

Dabei hat das Leben diesen lebensgierigen Menschen physisch hart geschlagen. Er war verstümmelt: er hatte einige gebrochene Rippen. Es gibt bei ihm die Erzählung *Die Schlußfolgerung*. Ein Mann hat seine Frau, die ihm untreu war, neben sein Pferd geschirrt. Die nackte junge Frau, fast ein Mädchen, rennt, von der Peitsche angetrieben, neben der Deichsel her. Der Mann steht auf dem Fuhrwerk und schlägt abwechselnd auf das Pferd und auf die Frau ein.

Gorkij schlug sich damals allein mit einer ganzen Menge. Er wurde verprügelt und in den Straßengraben geworfen. Das hat er in der Erzählung nicht erwähnt.

Er wurde wieder gesund. Die Rippen verwuchsen. Der Schmerz blieb.

Einmal gingen wir im Aleksandrovskij Park spazieren. Fast alle Beete waren zertreten, außer einer Reihe üppig blühender Hyazinthen. Das ungemähte Gras wuchs in Büscheln, die Bäume rauschten, als wollten sie sich zu einem Umzug irgendwohin vor die Stadt verabreden.

Ein Soldat kam daher, den Mantel über die Schulter geworfen, die Schuhe nicht zugeschnürt. Neben ihm ging eine Frau. Wie sie gekleidet war, weiß ich nicht mehr.

Gorkij hatte wie immer seinen langen schwarzen Mantel an. Der Hut war ebenfalls schwarz und hatte eine breite Krempe.

Der Soldat versetzte der Frau einen Schlag. Sie schrie auf und lief schluchzend davon. Auch Gorkij rannte über das zertretene Beet.

Der Soldat empfing ihn mit einem langen traditionellen Fluch und holte zum Schlag aus.

Gorkij ging in die Knie, drehte sich dann so rasch um, daß sich die Schöße seines schweren Mantels blähten, und versetzte, ohne die knieende Stellung aufzugeben, mit seinem langen Arm dem Soldaten von unten einen Schlag gegen das Kinn.

Der Soldat fiel ohne einen Schrei zu Boden.
Die Frau schrie kurz auf. Gorkij kauerte sich über den Soldaten.
Er hockte über dem niedergeschlagenen Gegner und blickte ihn herablassend, erfahren und traurig an. Dann berührte er mit der Hand die Lippen des Liegenden und sprach belehrend:
»Sowas nennst du raufen! Schlägt man sich denn so?! Wenn du dich schlagen willst, nimm wenigstens die Mütze zwischen die Zähne. Dann ist das Gesicht geschützt und die Zähne bleiben heil.«
Er wandte sich der Frau zu:
»Nehmen Sie Ihren Kavalier mit. Aber er soll sich nicht schlagen: sonst ereilt ihn die unverzügliche Gerechtigkeit.«
Er stand auf, wir gingen weiter. Er erzählte, wie sich die Leute auf dem Eis schlugen, und wer sich wie schlug. Er erläuterte, weshalb es sich dabei empfiehlt, Filzstiefel anzuziehen.
Er mußte unverzüglich reagieren, er brauchte, nach seinem eigenen Wort, die unverzügliche Gerechtigkeit. Er wollte das Jüngste Gericht erleben, aber es mußte schnell gehen, und die Engel sollten blankgeputzte Trompeten haben.
Er erwartete die Revolution, wie die Liebe, die alle beschützen wird. Sie brachte auch Haß mit sich. Gorkij wußte noch nicht, daß auch er hassen konnte.

Petersburg in den Jahren 1919–20. Sommeranfang

Ich gehe an der Seite von Aleksandr Blok. Die weiße Nacht verändert die Gesichter. Bloks Gesicht ist rosig geworden, seine Augen grau. Ringsum ist weiße Nacht, sie macht Petersburg klar.

Niemals hörte ich Blok laut sprechen. Es war, als würde er, besorgt, jemanden zu erschrecken, leise von kommenden Tagen lesen, für andere, ohne sich selber über die von ihm erratene und akzeptierte Zukunft zu verwundern.
Mit solcher Stimme hatte er vor dem Krieg seine Dichtung über das Petersburg der Epoche des Reichsendes vorgetragen: das Poem *Vergeltung.*
Ich weiß nicht, ob ich das Gespräch mit Blok schon erwähnt habe. Wenn ja, dann wiederhole ich es eben. Der Baum wiederholt die Zeichnung der Ringe im Stamm und die Abfolge der Zweige. Die Tanne ist ganz Wiederholung einer einzigen rhythmischen Formel.
Wie schwer ist es, von sich selbst, von den Seinen fortzugehen. Neue Worte zu finden, sie zuendezusprechen.
Wir sprechen über Tolstojs Weggang aus Jasnaja Poljana. Dort gab es viel Geräusche, viel Geflüster, die Leute nahmen einander Tolstojs Tagebücher weg und machten Exzerpte. Wie schwer fiel es Tolstoj, aus Jasnaja Poljana fortzugehen, aus dem Park, den der Großvater gepflanzt und an dem er weitergepflanzt hatte. Von den Apfelbäumen fortzugehen, vom Flüßchen Voronka. Stellen Sie sich vor, daß einer hundertjährigen Eiche nachts plötzlich zu Bewußtsein kommt, daß sie von Erbsengesträuch umgeben ist, das häßlich gewachsen ist und an dem die Ziegen nagen. Fort, fort von hier! Die Wurzeln aus der Erde gerissen! Und sollte in der Erde auch ein Stück Selbst zurückbleiben.
Es wird das Neue geben, aber wie schwer ist es, von hier fortzugehen, wo alles war: die Mutter, an die er sich kaum erinnert, der Vater, die Schüler, die Vorwürfe, die Schulden, die Pferde, die Schluchten, die Liebe. Es ist schwer, sich von der Wurzel loszureißen.
Man denkt immer, wie man es wohl am besten einrichtet, mit den Seinen vereint zu bleiben.

Aleksandr Blok notierte am 28. Mai 1917 aus Anlaß der Wahlen: »Ich habe viel nachgedacht und dann Liste drei (Sozialrevolutionäre und Menschewiki) in die Urne geworfen. Der Türhüter war, als er davon erfuhr, zufrieden. Ich glaube, ich habe richtig gehandelt. Das Leben will gelebt sein.« Das ist der Weg der gesunden Vernunft.

Blok ging schneller als die anderen, er sah die Vergangenheit mit scharfen und frischen Augen. Bald »erwachte das Wichtigste« in ihm. Das war der Bruch mit der Vergangenheit. So hat er sich in seinem nicht abgeschickten Brief an Zinaida Hippius ausgedrückt. Er wachte auf und sah, daß er einsam geworden war.

Blok hatte oft die Bekanntschaft der Inspiration gemacht, er fürchtete sie nicht. Er liebte Gorkij und hatte sich noch während des Krieges im Streitgespräch mit der Hippius für Gorkijs *Annalen* eingesetzt. Im Verlag *Weltliteratur* sprach er während einer Sitzung über den Tod des Humanismus: des alten Humanismus der Liberalen.

Das war ein Jahr später, am 26. März 1918. Mir hat Gorkij davon erzählt. Blok war gleichsam über Heines Ironie hinausgewachsen, denn er hatte Bekanntschaft mit etwas anderem gemacht: der Empörung der Revolution.

Er blieb fast ganz allein. Im Teniševsaal beschimpften der Advokat Gizetti und die Menge Esenin, Blok und Belyj als »Verräter«. »Sie geben mir nicht die Hand.« Bis zum Ende des Poems *Die Zwölf* bleiben noch ein paar Tage. Das Gesträuch liegt hinter ihm, aber die Leute kannten Rußland nicht, sie sahen es nicht. Der Frieden ist nicht unterschrieben, die deutschen Truppen sind im Vormarsch. Wird Europa das revolutionäre Rußland besiegen können? Welchen Platz nimmt die russische Revolution am Ende des Jahrtausends ein? Was wird in Asien, in Afrika sein, worauf werden sich die Völker einigen?

Aleksandr Blok, der Schüler der Romantiker, der in Rom

und Italien Verliebte, wußte, daß nicht nur die Deutschen allein Feinde sind. Er schrieb am 11. Januar: »Sträube dich, England und Frankreich! Wir werden unsere geschichtliche Mission erfüllen. Wenn ihr nicht wenigstens mit einem ›demokratischen Frieden‹ die Schmach eures Kriegspatriotismus abwascht, wenn ihr unsere Revolution zugrunde richtet, dann seid ihr keine Arier mehr.«

Statt des Europäertums und der Idee der nahen Einkreisung erschien die Idee der Menschheit. Blok wendet sich an den Westen:

Ihr blicktet hunderte von Jahren lang gen Osten,
Ihr häuftet unsere Perlen an, schmolzt sie ein,
Und ihr wartetet höhnisch nur auf die Stunde,
Die Rohre der Kanonen aufzurichten.

Die Revolution war jung und ist es geblieben. Die Geduld der Revolution ist grenzenlos, denn sie ist die Erbin all dessen, was sich die Menschheit erarbeitet hat.

Ein letztes Mal: komm zu dir, alte Welt!
    Zur Bruderfeier der Arbeit und des Friedens –
Ein letztes Mal – Zur lichten Bruderfeier
    Ruft dich die Barbarenleier.

Ich weiß nicht mehr, worüber wir in jener weißen Nacht sprachen. Ich nahm Bloks Bücher, erinnerte mich an manches, was ich damals von ihm hörte. Was ich selber sagte, weiß ich nicht mehr.

In weißen Nächten ist Petersburg frisch und warm, klar und nicht finster, schattenlos, aber plastisch. Es fließt der kalte gekräuselte Fluß. Die dicken rosafarbenen granitenen Umzäunungen der Uferkais sind warm. Über die steile Kuppel der Isaakskathedrale bewegt sich langsam ein mattgoldenes Segment Glanz. Wenn man wieder in die Richtung blickt, ist es ein Stück weiter geklettert. Der Himmel ist blaurosa, mit Wolken, die den Schmerz bereits vergessen, das Blut aber noch nicht abgewaschen haben.

Wir gingen lange durch Petersburg, waren am Bogen von Neuholland: er lag als zarter Widerschein auf dem rosigen Wasser.
Wir kehrten zur Neva zurück. Wieder sahen wir das matte Glänzen der Isaakskuppel und die harte Nadel der Peter-Pauls-Kathedrale.
Die Nacht verging nicht, der Morgen brach nicht an. Das Frührot löste die Abendröte ab, als sei die Unsterblichkeit in die Welt gekommen.
Blok sprach langsam, dann fragte er mich:
»Warum verstehen Sie alles?«
Ich sage noch einmal: ich weiß nicht, wovon ich sprach. Wenn ich etwas verstand, so war es die Reife der Zeit, ihre Fülle. Aber ich verstand wenig.
Unlustig blieb ich damals im Frühling der Februarrevolution stecken. Ich hatte nicht die Kraft, mich von meinem Waldrand fortzubewegen.

Die Zeit des Todes von Aleksandr Blok

Die Stadt hungerte. Gorkijs Sohn Maksim Peškov brachte aus dem Süden Eisenbahnladungen mit Lebensmitteln für die Petrograder Arbeiter mit: das wenige, das aufzutreiben war. Er brachte sogar Hafer und Pferdeköpfe. Die Versorgung war ungleichmäßig und karg. Damals galt das als beiläufig und wurde kaum vermerkt.
Der lange Winter ging zuende. Die Häuser tauten auf. Zuerst erschienen auf den silbrigen Hausmauern da und dort schwarze Flicken. Das waren die Wände jener wenigen Zimmer, die geheizt wurden.
Die Alexandersäule war bis hinauf zum Engel versilbert.
Der lange Winter ging zuende.
Ich lebte im Haus der Künste Ecke Nevskij-Prospekt,

Mojka und Morskaja. Das riesengroße Haus gehörte einst dem Obsthändler Eliseev, dem Besitzer der größten Feinkostgeschäfte Rußlands. Es war eine seltsame Wohnung über mehrere Stockwerke hin. Ich wohnte in Eliseevs Schlafzimmer. Um in mein Zimmer zu gelangen, mußte man die riesige Toilette passieren, die vier Fenster, mehrere Duschen, ein Tretrad, das den Obsthändler schlank halten sollte, sowie irgendwelche Fontänen hatte, deren Bestimmung nicht mehr zu ermitteln war.

Es war kalt, sehr kalt. Es brannte ein kleiner Blechofen mit langen Eisenrohren, die zu einem riesengroßen Ofen in der Ecke führten. Der Eckofen war unheizbar. Auf seinen Kacheln froren gelbe Auerhähne.

Die Bewohner des Hauses der Künste heizten ihre Öfen mit Papieren, die sie aus einer verlassenen Bank holten. Die ganze Bank raschelte. Über die Fußböden verstreut lagen Pauspapier, diverse Bankdokumente, deren Bestimmung mir unklar war, sowie feste Schachteln für diese Dokumente. Die Schachteln brannten am besten.

Mit Brennholz war es weniger gut bestellt. Das Holz war naß. Beim Heizen kam es zu einer Sublimation. Das Harz sammelte sich in den Rohren an und tropfte in schwarzen und durchaus unmetaphorisch bitteren Tränen von den Rohrbiegungen herab.

Über jene Zeit im Haus der Künste hat die damals noch gar nicht alte Olga Forš ein etwas irres Buch geschrieben: *Das wahnsinnige Schiff*. Aleksandr Grin schrieb den *Rattenfänger*. Alle Helden des *Schiffes* waren, wie man in den 1830er Jahren zu sagen pflegte, nach der Natur gezeichnete Personen.

Blok lebte für sich allein. Vielleicht wäre es ihm leichter gefallen, unter Menschen zu wohnen: und sei es auf unserem wahnsinnigen Schiff. Denn wir schwammen, wir redeten, wir waren jung.

Jeden Südwind hielten wir für den Frühling. Aber dann kam der Frühling wirklich. Die Luft roch nach Meer.
Nur die Liebe markiert das Leben. Wir leben in ihr, ohne eine Seite auszulassen.
Einmal kam Majakovskij mit Lilija Brik in den *Rastplatz der Komödianten*. Nach einiger Zeit gingen beide fort.

Dann kam Majakovskij wieder, in großer Eile.
»Sie hat ihr Täschchen vergessen«, sagte er und ergriff eine kleine schwarze Damenhandtasche, die auf einem Stuhl abgestellt war.
Am Nachbartisch saß Larisa Rejsner, schön und jung. Sie schaute Majakovskij wehmütig an.
»Jetzt haben Sie Ihr Täschchen gefunden und werden es ein Leben lang mit sich schleppen.«
»Larisa Michajlovna«, sagte der Dichter (vielleicht sagte er auch Larisa), »ich kann diese Tasche zwischen die Zähne nehmen. Liebe kränkt nicht.«
Blok lebte schwierig, ihn kränkte manches: das Ungeliebtsein. Das Leben lief aus, die Gedichtwidmungen stimmten nicht mehr, die Leute liebten mehr die Berühmtheit des Dichters und stattlichen Mannes als den Dichter selbst. Sehr einsam war der Dichter auch in seiner Wohnung, die den ärmlichen, bescheiden eingerichteten Teil der nicht gerade luxuriösen Wohnung seines Schwiegervaters, des großen Chemikers Dmitrij Mendeleev, darstellte.
Wo begann ich mich zu erinnern? Erinnerungen rollen sich nicht auf wie Papierrollen, sie kommen fetzenweise. Ich klebe sie um, damit alles der Reihe nach abläuft, damit es sich leichter liest. Aber es ist viel Zeit verstrichen, das Leben hat sich an den Rändern und Falzen abgenutzt, ist zum Teil zerfallen.
Die Frau, die von Majakovskij geliebt wurde, bat ihn, er möge ihr ein Buch von Blok mit handschriftlicher Wid-

mung beschaffen. Ich weiß nicht, was aus diesem Exemplar geworden ist. Blok signierte sein Buch *Grauer Morgen.* Majakovskij nahm es und schickte sich an wegzugehen. Zwei Menschen, die einander gut kannten, die sich füreinander aufgeopfert hätten, standen sich gegenüber.

»Vielleicht sollten wir reden, wenn Sie schon gekommen sind?« sagte Aleksandr Blok.

Vladimir Majakovskij antwortete, als ein sehr junger Mensch:

»Ich bin in Eile. Die Widmung wird erwartet.«

»Es ist gut, wenn ein Mensch aus Liebe in Eile ist. Aber es ist schlecht, daß wir füreinander keine Zeit haben.«

Majakovskij hat mir diese Geschichte erzählt, voller Wehmut.

Die Fronten rückten näher. Der Sommer verging, Petersburg blieb von den Erntefeldern abgeschnitten. Der Sommer 1921 verging, auf Petersburgs Straßen wuchs Gras, es drängte sich zwischen den Pflastersteinen durch.

Blok saß in seiner Wohnung an der Prjažka. Durchs Fenster sah er die vor Anker liegenden Kriegsschiffe. Es war, als würden die Schiffe nie mehr ihre Anker lichten.

Es kam der August.

Blok wurde schwächer und schwächer. Gorkij versuchte, für ihn eine Reise nach Deutschland zu erwirken, wo er sich hätte nicht nur ausheilen, sondern auch ernähren können. Gorkij selber spülte damals seinen Mund mit Eichenrindenabsud. Weniger malerisch gesagt: er bekam Skorbut.

Viele wurden gebrochen.

Aleksandr Blok hatte am Symbolismus teil, und über diesen hinaus an der silbernen Ära der russischen Literatur, an der Epoche, sagen wir, Polonskijs.

Die silberne Ära der russischen Literatur fand in seine Verse manchmal in Form direkter Zitate Eingang, die er kursiv setzte. Aber er war über diese Zitate hinweggeschritten, über das Spiel auf der poetischen Klaviatur des auslaufenden neunzehnten Jahrhunderts; und genauso über die Literatur der Symbolisten, wo es von entsprechungen und Vergleichen wimmelte, über die Leere der scheinbedeutsamen, am Leben vorbei führenden Verallgemeinerung.

Die Symbolisten waren fortgegangen. Die meisten von ihnen gerieten ins Lager der rechten Sozialrevolutionäre und wählten zur Zufriedenheit der Türhüter.

Es war, als wären keine Freunde übriggeblieben.

Der Baum hatte sich vom Wald entfernt. Er stand im Wind.

Vom Meer her weht viel Wind, aber es ist kein warmer Wind.

Ein Freund war geblieben: der Verleger Samuil Aljanskij, ergeben wie ein Echo. Er wartete auf die Genesung des Dichters.

Im Vorzimmer sitzen, als wären sie wirklich anwesend, die Krankheiten, bereit einander abzulösen.

Blok war bettlägerig. Er erfand Bücherschränke, bei denen man aus jedem Fach Bücher holen kann, ohne die Leiter hinaufzusteigen. Das Leitersteigen fiel ihm schwer, die Erfindung war schlau, aber die Bibliothek war ohnehin verkauft.

Vor Schwäche kehrt der Dichter in die Vergangenheit zurück. Es ist, als hätte man den Lethefluß gestaut und er flösse zurück.

Wie sich ein Mensch im Alter den Erinnerungen zuwendet, so kehrte der große Dichter Blok zu den Romanzen zurück, zur spezifischen Poesie der Nachtigallengärten. Eines seiner Bücher hatte *Nachtigallengarten* geheißen.

In der Romanze war vom nebligen Morgen, vom grauen Morgen die Rede. Wie gut kann ich mich an diese Worte erinnern! Meine Mutter sang sie mit tiefer kalter Altstimme. Auf dem gelben Parkett des Saales, das dick mit Bohnerwachs eingerieben und schlecht gebohnert war, spiegelte sich die schwarze Schwinge eines niemals flüggen Vogels: des einflügeligen schweren Flügels.

Grauer Morgen, so hieß eines der letzten Bücher von Aleksandr Blok.

Die weit vorgepreschten Wellen kehrten zischend zurück. Im Leben des Meeres wird all das mit dem Sekundenzeiger gemessen. Es ist der Raum zwischen Einatmen und Ausatmen.

Zeit, zureichend für den Tod.

Die Bahn des großen Fluges ging zuende. Die Schwerkraft, die Anziehung der alten Erde überwog bereits die Kraft des Impulses. In den *Skythen* sprach Blok mit der Stimme der hohen Ode. In den *Zwölf* sprach er mit der neuen Stimme der Častuška, des volkstümlichen Tanzlieds, das von der Revolution singen konnte, jene verachtend, die sie nicht verstehen. Der müde Blok kehrte in die silberne Zeit der russischen Poesie zurück, in die Epoche seiner Lieblinge Apollon Grigorjev und Polonskij, in die Epoche der Zigeunerromanze. Das von Einsamkeit umgebene Herz, die Welt, die in Gestalt einiger weniger aus ihr herausgelöster besungener, beweinter und vielmals wiederholter poetischer Begriffe existiert: dieses Herz, diese Welt zogen ihn zu sich hin. Im Sterben kehrte er ins Vergangene zurück. Das war die Zeit, als Majakovskij von vielen Auferstehungen des schwierigen Lebens träumte und nicht von seinem Ende; als er sich sein Ende nicht vorstellen konnte.

Der Herbst nahte heran. Blok saß da und schrieb aus dem gesammelten Repertoire der Vjalceva, der Panina Seite um Seite, Romanze um Romanze in sein Tagebuch ab. Er schrieb zwanzig Titel hinein und wollte weiterschreiben.

Er starb im Herbst. Damals gab es noch keine Todesanzeigen. Es gelang uns, in einer Plakatdruckerei in der Mochovaja-Straße farbige Papierstreifen zu bedrucken, auf denen mitgeteilt wurde, daß der Dichter Aleksandr Blok verstorben sei. Wir klebten diese Streifen in vielen Straßen.

Wir wollten eine Totenmaske abnehmen und die wunderschönen Hände des Dichters modellieren. Jurij Annenkov zeichnete ein Porträt. Marietta Šaginjan und ich machten uns auf die Suche nach Gips.

Wir kamen in irgendeine Behörde. Der für Gips zuständige Mann sagte:

»Es gibt keinen Gips. Wir requirieren ihn sogar bei den Zahnärzten.«

Ich sprach zu diesem nicht sehr beleibten, nicht sehr beschäftigten Mann:

»Sie geben also keinen Gips für die Totenmaske Aleksandr Bloks her?«

»Wir können nicht«, sagte der Mann, »Gips ist nicht lieferbar.«

Ich nannte diesem Mann meinen Namen und schimpfte ihn laut aus. Ich war genötigt laut zu reden, weil Marietta Šaginjan schlecht hört.

Wir gingen durch große Räume zur Treppe zurück. Da hörten wir hinter uns Schritte. Ich schaute mich um und sah den Mann, mit dem wir geschimpft hatten.

»Ich bin nicht beleidigt«, sagte er, »der Gips ist bereits angewiesen.«

Zur Beerdigung kamen nicht sehr viele Leute. Entkräftete Pferde zogen den Sarg durch die ganze Stadt ans Ende der Vasiljev-Insel, hinter die Finnländischen Kasernen, auf den Smolenskij-Friedhof, ans Meer.

Grabreden wurden nicht gehalten. Andrej Belyj hielt sich an einer Birke fest und blickte mit großen, breiten, gleichsam reckteckigen Augen ins Grab hinunter.

Ich vergaß zu sagen, daß uns unterwegs manche Leute beim Anblick des Leichenzuges fragten, wen man denn zu Grabe trage. Wir erwiderten: Blok.
Und alle Fragenden präzisierten, als wollten sie sich die schon verständliche Antwort endgültig klarmachen:
»Genrich Blok?«
Genrich Blok war ein mittlerer Bankier, der sein Unternehmen eifrig anpries, später Bankrott machte und sich erhängte. Jener Tod hatte sich vor geraumer Zeit zugetragen, jedoch den Namen Genrich Blok sah man überall auf noch nicht überpinselten Emailschildern; er hatte sich im Bewußtsein der Leute erhalten. Wir vergessen oft, daß Aleksandr Blok vor der Revolution in Auflagen von 1000–1200 gedruckt wurde. Er kam höchstpersönlich in die Druckerei, um nachzuschauen, daß nicht zu viel gedruckt wird: sonst ist die Auflage lange nicht ausverkauft. Die Verleger aber machten einen Aufschlag zu ihren Gunsten, worüber sich bereits Cervantes im *Don Quichotte* beschwert. Heute drucken wir Blok in einer Auflage von 200 000 und könnten noch mehr drucken. Noch kennen ihn nicht alle, aber vielen ist er bekannt.
Majakovskij trauert in Moskau um Blok.
Wir verwenden wenig Zeit füreinander; wir haben es eilig.
Ich weiß nicht, wofür wir die Zeit verschwenden.
Offenbar geht es mit unserer Zeit wie mit Papierrollen, die beim Transport beschädigt werden. Es entstehen Löcher im Papier. Am Zielort wird dann das beschädigte Papier weggerissen.
Enttäuschung und Verzweiflung des Dichters vergehen. Weil er sich in seinen Versen erhält, in denen sich die Welle in voller Kraft hebt, ohne sich im Schaum zu verspritzen.
Verse sterben nicht; man bittet sie um Vergebung.

Der Tod versteht es bekanntlich nicht, sich bei den Menschen zu entschuldigen. Er geht nicht vorbei; man kann nur den Leichnam des Verstorbenen überführen.
Heute liegt Blok nicht mehr auf dem Smolenskij-Friedhof, wo er beerdigt wurde, sondern auf dem Volkov-Friedhof, neben seiner Mutter, einer guten Übersetzerin, neben seiner Frau Ljubov, einer Tochter Mendeleevs, einer Malerin und Schauspielerin.

Der Erzengel Gabriel

Ich besuchte zusammen mit Dovženko das Museum für ukrainische Kunst in Lemberg.
Auf einer Ikone aus dem siebzehnten Jahrhundert ist das Jüngste Gericht dargestellt.
Ein betagter Herrgott mit würdevollem Bart sitzt auf einem kahlen Berggipfel, umringt nicht von Engeln, sondern von Kosaken.
Dahinter stehen, nicht sehr dicht, hundertjährige Tannen, die Zweige wie im Gebet ausgestreckt.
An den unteren Rand der Ikone sind die schuldigen Tiere gemalt. Ein jedes hat das gebracht, was es gefressen oder zerstampft hat. Der Löwe hält einen menschlichen Kopf zwischen den Zähnen. Im Rüssel des Elefanten ist eine menschliche Hand.
So stehen sie da und stellen die Gerechtigkeit wieder her: damit sich die vollständige Auferstehung der einst zerrissenen Menschen realisieren kann.
Oben, am Rande des Himmels, bläst der Erzengel Gabriel in die Trompete. Der Himmel über dem Jüngsten Gericht rollt sich ein wie ein Stück Pergament. Die Sterne fallen wie reife Früchte herab.
Ein gutes Ende!

Tolstojs Ivan Iljič trennte sich vom Leben wie von seiner Wohnung. Es starb der Mieter, und alles blieb wie es war. Die Ehefrau unterhielt sich über die Pension mit einem Gast, der auf einem Puff saß. In der Ecke stand der noch ungebrauchte Sargdeckel.

Leid tat es Ivan Iljič, als er ans Leben zurückdachte, nur um den lieben bunten Ball seiner Kinderjahre.

In Gorkijs gleichnamigem Stück stirbt der Kaufmann Egor Burlyčov. Er stirbt nicht nur an Krebs, sondern auch, weil er aufgehört hat, das Leben zu lieben; es hat sich rings um ihn zerstört.

Er ist Kaufmann und wird natürlich niemals ein Revolutionär werden. Aber alles, was ihm geblieben ist, ist die Gier, bei Lebzeiten die Zerstörung der Welt zu sehen.

Auf der Suche nach Heilung hat Bulyčov einen Feuerwehrmann gerufen.

Der Feuerwehrmann kommt mit einer langen Trompete und sagt unschlüssig, manchmal würde Trompetenklang Krankheiten heilen. Er selber glaubt nicht so recht daran und erbittet deshalb das Geld im voraus.

Für das Spiel auf der Trompete verlangt er einen Rubel. Bulyčov begreift den ironisch-verwegenen Hintergedanken. Der Feuerwehrmann stößt in die Trompete, es laufen alle Menschen zusammen, die Bulyčov haßt und verachtet.

Der Trompete spielende Feuerwehrmann heißt Gabriel.

Die sterbende Welt rief den Erzengel Gabriel zu sich ins Haus.

Soll alles zusammenstürzen, soll der Kaufmann untergehen, wie Samson unter den Trümmern des von ihm zerstörten Tempels der Philister seinen Tod fand.

Stürze ein, Stuckdecke! Fallt um, ihr verfluchten tapetenbeklebten Wände! Geh unter, Jericho! Stürzt und zerfallt in Brocken, steinerne Säulen von Petersburg!

Geschirrscheiben sind gute Wurfgeschosse.
Fließe zurück, Neva, heb die Holzfliesen des Straßenpflasters hoch, spüle die Lastkähne ans Ufer, errichte Barrikaden, Wasser!
Umspüle die Hufe des Ehernen Reiters.
Zu den Trompetenklängen des fröhlichen Feuerwehrmanns wird Evgenij Peter neu zur Rede stellen.
Den Dichtern bläst Gabriel aus dem Herzen. Majakovskij sah selber aus wie der Erzengel mit der Trompete, genauso der blauäugige Esenin, von dem die Revolution die Glasur der Süßlichkeit weggewaschen hatte, um ihn in Bitternis und Stolz zu kleiden.
Das Jüngste Gericht kam, jedoch das Volk möchte sogar in der Revolution haushälterisch sein. Die Ikonen über das Jüngste Gericht sind, wenn sie Details der Auferstehung darstellen, sehr genau.
Für Gorkij bestand die Welt aus wertvollen Dingen. Er hatte sie nach und nach alle kennengelernt.
Man muß alles bewahren, damit alle daran teilhaben.
Gorkij setzte sich für die Lebenden und Toten ein, trauerte um sie. Er war bemüht, Menschen und Dinge zu bewahren.
Es gab manches, was zu bewahren war. Das alte Petersburg war mit mannigfaltigen Wundern besiedelt.
Auch die Trompete des Jüngsten Gerichts muß gewartet werden. Außerdem ist das Donnergrollen in Kopf und Brust des Erzengels noch nicht zuendegeschaffen.
Die Augen unter den Brauenbögen sind schon geöffnet, in die Lungen ist Luft eingeströmt, die breite Brust hebt sich, das Kupfer redet – aber die Stimme der Trompete ist noch nicht erstarkt.
Die Stadt ist ruhig.
Die Spuren im Schnee oder im Schmutz führen nur zu den Torwegen.

Die Herrschaftsaufgänge der Petersburger Häuser hatte man verschlossen, man glaubte wohl, es würde dort ziehen. Jedermann benutzte den Dienstbotenaufgang. Hintertreppen sind steil und dunkel, aber offenbar glaubte man – sicher zu Unrecht – daß über sie nicht so viel Zugluft ins Haus kommt.
An den Herrschaftsaufgängen verstarben vor Hunger sogar die Gespenster.
Eines Tages stieg die sehr steile, weil in einem mit Blick auf Profit gebauten Haus befindliche Hintertreppe der Komponist Glazunov, Direktor des Konservatoriums, zu Gorkij in den sechsten Stock hinauf.
Ich kenne ihr Gespräch in der Wiedergabe durch Gorkij, kann mich daher für die absolute Genauigkeit des Dialogs nicht verbürgen.
Glazunov sagte mit müder Stimme, es sei ein neuer sehr junger Musiker aufgetaucht.
Wäre Gorkij der Engelgilde beigetreten, hätte man ihn daraufhin zum Türhüter an irgendeiner in etwas sehr Gutes führenden Tür ernannt, so hätte er sich nicht hingesetzt, er wäre unbedingt aufrecht gestanden oder hin und her spaziert. Kurzum: er hätte sich benommen, wie ein junger Mann, der verliebt ist und der zum Rendezvous in die Ubahn gekommen ist.
Der Allernötigste, der Allergrößte, der Allerliebste wird gleich hereinkommen, und er, Gorkij, wird ihm die Tür öffnen und die Stadtschlüssel überreichen.
Sich selber hielt er nur für den Stadtkommandanten.
In den Petersburger Kathedralen hingen im Frost, an den vor Rauhreif zottigen Wänden, die ein für allemal eingerollten gebleichten Fahnen, die Beute unbeschriebener Gefechte.
Die eingerollten Fahnen sind staubig und regenbogenfarben, die Fahnenträger sind vergessen.

Ein neuer Mensch wird kommen, die riesengroßen Zimmer werden sich mit Wärme füllen, die Fahnen werden sich entrollen, ein neues Leben der Menschheit wird anbrechen, alle Schlachten werden gerechtfertigt und verziehen sein.

Das wird morgen geschehen oder heute gegen Abend.

Wenn dieser Mensch Gorkijs Arbeitszimmer betritt, wird Gorkij aufstehen, sich mit der Hand über sein nichtergrautes bürstenförmig geschnittenes Haar fahren, mit blauen Augen lächeln, dem Eingetretenen seinen Platz anbieten und den Ofen einheizen, damit der Ankömmling nicht friert.

Gorkij wartet. Er hat schon den jungen rotbärtigen Vsevolod Ivanov gesehen, den untersetzten Isaak Babel, der sich gleichsam anspannt, um eine Last zu verschieben. Er korrespondiert mit Fedin. Er mag Zoščenko mit seinem dunkelhäutigen Gesicht, der leisen Stimme, dem aufmerksamen Blick. Er hat Blok gesehen und mit ihm gestritten.

Majakovskij hat er geliebt und sich mit ihm überworfen, hat ihn anerkannt und doch nicht anerkannt. Denn die allerheißeste Erwartung irrt sich oft.

Die Jungfrauen warteten auf die Bräutigame, und das Öl in ihren Lampen ging manchmal aus.

Gorkij erwartete die Zukunft wie eine Frau ihren Liebsten erwartet. Er lauschte den Schritten auf der Treppe.

Da sitzt der müde, abgemagerte, aufgedunsene Glazunov, um den er sich kümmern muß. Auch das ist wichtig.

Gorkij spricht mit Glazunov. Es gibt viel zu besprechen. Es fehlt an Brot, man teilt es in Achtel auf.

Aber Glazunov steht eine Norm fürs Konservatorium zu.

»Ja«, sagt Glazunov, »ich brauche eine Ration. Obwohl unser Prätendent sehr jung ist ... Jahrgang neunzehnhundertundsechs.«

»Ist es ein Geiger, die reifen früh, oder ein Pianist?«
»Ein Komponist.«
»Wie alt soll der sein?«
»Fünfzehn. Der Sohn einer Musiklehrerin. Arbeitet als Klavierspieler im Filmtheater *Select* auf der Karavannaja. Kürzlich entzündete sich der Fußboden unter ihm, er aber spielte weiter, damit keine Panik entsteht. Das nur nebenbei. Er ist ein Komponist. Er hat mir seine Werke gezeigt!«
»Gefallen sie Ihnen?«
»Ich finde sie entsetzlich. Das ist die erste Musik, die ich beim Lesen der Partitur nicht höre.«
»Warum sind Sie dann gekommen?«
»Mir gefällt es nicht, aber darauf kommt es nicht an. Die Zeit gehört diesem Jungen – nicht mir. Mir gefällt es nicht. Nun, sehr bedauerlich ... Jedoch genau so wird Musik sein. Er braucht eine Akademiker-Ration.«
»Ich notiere. Wie alt also?«
»Fünfzehn.«
»Name?«
»Šostakovič.«
Es ist schwer, abzuwarten und zu erkennen.
Schwerer ist es, wenn es so weit ist, nicht den zu erblicken, auf den man gewartet hat, über sich hinweg zu schreiten, auf sich selbst zu verzichten: um der erblickten Zukunft willen.
Gabriel kündet nicht von uns, sondern von denen, die statt unser kommen.

Zur Aussprache russischer Namen

Die wichtigsten vom deutschen Alphabet abweichenden Laute sind in folgender Tabelle erklärt, in der Reihenfolge: Transkriptionszeichen – Lautwert – transkribierter Name. (Beispiel: das normale »e« hat im Russischen den Lautwert »je« – zu lesen ist also: Jessjenin, Bjelyj, Assjejew.)

e – je	Esenin, Belyj, Aseev
ė – ä	Ėrenburg, Ėjchenbaum
ë – jo	Gumilëv, Fëdor
c – ts, z	Cvetaeva, Gorodeckij
č – tsch	Čechov, Lunačarskij
s – s, stimmlos	Seľvinskij, Aksënov
š – sch, stimmlos	Šklovskij, Oleša
šč – schtsch	Ščedrin, Zoščenko
v – w	Voznesenskij, Evgenij
– ff	Tynjanov, Vsevolod
z – s, stimmhaft	Zamjatin, Remizov
ž – sch, stimmhaft	Žirmunskij, Solženicyn

Personenregister

Inhalt

Bibliothek Suhrkamp

Alphabetisches Verzeichnis